普惠性民办幼儿园演进历程研究

杨 跃 / 著

吉林大学出版社
·长春·

图书在版编目（CIP）数据

普惠性民办幼儿园演进历程研究 / 杨跃著.—长春：吉林大学出版社，2022.8
ISBN 978-7-5768-0314-3

Ⅰ.①普… Ⅱ.①杨… Ⅲ.①幼儿园—发展—研究—中国 Ⅳ.①G619.2

中国版本图书馆CIP数据核字（2022）第155002号

书　　名	普惠性民办幼儿园演进历程研究
	PUHUIXING MINBAN YOU'ERYUAN YANJIN LICHENG YANJIU
作　　者	杨　跃　著
策划编辑	张文涛
责任编辑	安　斌
责任校对	王宁宁
装帧设计	马静静
出版发行	吉林大学出版社
社　　址	长春市人民大街4059号
邮政编码	130021
发行电话	0431-89580028/29/21
网　　址	http://www.jlup.com.cn
电子邮箱	jldxcbs@sina.com
印　　刷	北京亚吉飞数码科技有限公司
开　　本	787mm×1092mm　1/16
印　　张	15.25
字　　数	242千字
版　　次	2023年4月　第1版
印　　次	2023年4月　第1次
书　　号	ISBN 978-7-5768-0314-3
定　　价	89.00元

版权所有　翻印必究

前 言

本书是笔者在四川师范大学教育科学学院读博期间，历经2016年、2017年、2018年、2019年共计6个多月在S省S市P县田野考察基础上写成的。本书旨在让读者了解普惠性民办幼儿园政策在P县的具体运行轨迹，即普惠性民办幼儿园随着普惠性民办幼儿园政策诞生、完善而不断成长的历程，一方面凸显政策的适切性，另一方面体现P县的政策生态，更重要的是让读者了解普惠性民办幼儿园政策在P县运行效益如何，为基层政策运行主体进行政策文本开发增强理论素养、为其政策实践创新提供实践参考。

本书第一章为普惠性民办幼儿园政策研究述评，简介研究缘起、文献回顾，确定田野考察点，根据研究对象、研究者实际条件选择研究方法，核心概念界定，简述研究过程与本书框架。第二章介绍普惠性民办幼儿园政策运行的现实样态，首先，提炼政策本身特征；其次，勾勒P县社会发展和教育变迁历程，尤其是学前教育发展现状，为政策运行提供背景；再次，分别展现幼师培训政策、奖补资金政策、幼儿资助政策运行的现实样态。第三章为普惠性民办幼儿园政策运行现实样态的影响因素分析，分别从政策运行主体、政策运行客体展开剖析。第四章介绍普惠性民办幼儿园政策运行机制建构：优化政策运行主体行为，提升政策运行客体质量。第五章介绍普惠性民办幼儿园政策运行特征，其是以"利益""人情"为核心构成的政策网络，然后具体展开。幼师培训政策运行：体制偏差，"公""民"失衡，亟待优化幼师培训资源制度协调机制。奖补资金政策运行：缺乏可持续性，非营利性保障制度亟待健全。幼儿资助政策运行：政策关键环节具有"隐蔽性""欺骗性"，精准扶贫的精准度亟待提升。

本书主要供基层学前教育管理者、幼儿园园长、幼儿教师、高校学前教育专业学生、学前教育养护人员等阅读、参考。

目 录

绪　论　诞生于社会转型期的普惠性民办幼儿园，演进历程如何？如何走好每一步？　　1

第一章　普惠性民办幼儿园政策运行研究述评　　3

　　第一节　研究缘由与文献回顾　　4
　　第二节　研究区域与研究方法　　29
　　第三节　核心概念界定　　34
　　第四节　书稿框架　　36

第二章　普惠性民办幼儿园政策运行的具体情景　　39

　　第一节　普惠性民办幼儿园政策特征解读——普惠性民办幼儿园政策：在时代变革中逐渐成长　　39
　　第二节　P县的社会发展概况和教育变迁历程　　44
　　第三节　P县的学前教育发展现状　　49
　　第四节　幼师培训政策运行的具体情景　　72
　　第五节　奖补资金政策运行的现实情景　　84
　　第六节　资助政策运行的实践样态　　91

第三章　普惠性民办幼儿园政策运行现状的影响因素分析　101

　　第一节　普惠性民办幼儿园政策的运行主体　101
　　第二节　普惠性民办幼儿园政策的运行客体　116

第四章　普惠性民办幼儿园政策运行的机制建构　123

　　第一节　优化普惠性民办幼儿园政策运行的主体行为　123
　　第二节　提升普惠性民办幼儿园政策运行客体的质量　131

第五章　普惠性民办幼儿园政策的运行特征　137

　　第一节　普惠性民办幼儿园政策运行特征的概览　137
　　第二节　普惠性民办幼儿园政策运行特征的具体呈现　140

参考文献　149

附件一　我国60年学前教育相关政策概览　169
附件二　普惠性民办幼儿园政策的相关内容概览　178
附件三　普惠性民办幼儿园举办者访谈提纲
　　　　（访谈类型：开放型访谈）　193
附件四　县（市、区）教育行政部门学前教育管理者访谈提纲
　　　　（访谈类型：开放型访谈）　194
附件五　普惠性民办园幼儿家长或者监护人访谈提纲
　　　　（访谈类型：开放型访谈）　195
附件六　县（市、区）教育行政部门教育经费管理者访谈提纲
　　　　（访谈类型：开放型访谈）　196
附件七　普惠性民办幼儿园教师访谈提纲
　　　　（访谈类型：开放型访谈）　197

附件八	普惠性民办幼儿园教师问卷调查（一）	198
附件九	普惠性民办幼儿园幼儿家长（监护人）问卷调查（二）	201
附件十	访谈S省S市P县普惠性民办幼儿园园长	204
附件十一	访谈S省S市P县CC镇公办幼儿园（公办）园长	208
附件十二	访谈P县师培中心主任TCM	212
附件十三	访谈P县DS镇JSYL幼儿园（普惠性民办园）老师TY	215
附件十四	访谈P县教育局职教成教（含幼教）股副股长CDF	218
附件十五	访谈教育体育局计财股副股长ZXG	221
附件十六	访谈P县CC镇GJ幼儿园中班LBB家长LXD	223
附件十七	访谈P县SF镇XX幼儿园大班学生WD的监护人WXT	226

后　记　229

绪　论
诞生于社会转型期的普惠性民办幼儿园，演进历程如何？如何走好每一步？

当今中国已步入全面建成的小康社会，进入"改革高潮期"的新时代。诞生于社会转型期的普惠性民办幼儿园，演进历程如何？如何走好每一步？

中国西部革命老区P县，是一个具体地域空间。自《关于当前发展学前教育的若干意见》（国发〔2010〕41号）出台后，至今已10余个春秋，普惠性民办幼儿园在P县这一特殊而又普通的地域空间成长状态如何？它面临哪些转型瓶颈？生存路径如何？未来发展路向如何？这些问题一直是学界关注的热点问题。笔者采用人类学研究方法——民族志来实地考察普惠性民办幼儿园政策的变迁对普惠性民办幼儿园生命历程的影响。首先，本书借助亲历者的口述资料，其间穿插一些政策文本，这样二者互证互补、有机结合来具体呈现普惠性民办幼儿园在此地的生命周期、成长规律、发展现状。其次，针对政策运行现状，笔者剖析了其背后深刻的影响因素：首先，政策运行主体影响因素，包括认知水平、认同程度、行为方式；其次，政策运行客体影响因素，分别从幼师培训政策、奖补资金政策、幼儿资助政策开展论述。再次，针对其影响因素，本书提出相应对策：优化政策运行主体行为，提升政策运行客体质量。优化政策运行主体行为可分为：提高政策运行主体认知水平，增强政策运行主体认同度，改进政策运行主体行为方式。提升政策运行客体质量，包括优化幼师培训政策、奖补资金政策、幼儿资助政策。最后归纳政策运行特征。

第一章
普惠性民办幼儿园政策运行研究述评

本研究以西部欠发达地区一个普通的县——P县为研究样本,以普惠性民办幼儿园政策在这一特定空间的成长历程为线索,运用人类学研究方法——民族志来全面、深入地考察普惠性民办幼儿园在这一特定空间的生活情景,力图展示政策运行过程中人们思想、行为不断调整的动态轨迹,进而揭示政策影响的广泛性、深刻性,揭示政策运行现状及其背后深刻的缘由,进而提出政策运行的最优路径,最后总结政策运行的基本特征。绪论中,笔者首先阐述选题缘由,对中外相关文献进行述评,界定核心概念,解读研究样本及遴选理由,介绍研究方法及选择方法的缘由,概述研究过程,勾勒研究框架,这样便于读者阅读。

第一节 研究缘由与文献回顾

一、研究缘由

（一）普惠性民办幼儿园政策是保障幼儿平等获得教育权的战略规划和实施路径

受教育权是宪法赋予每一位公民的基本权利，平等地享有受教育的机会是公民获得均等教育权利的外在表征，实施普惠性民办幼儿园政策正是这一权利的真正体现。

20世纪90年代中后期，事业单位改革、企业转型，一些寄生于原单位的幼儿园一夜之间实行"关、转、改"，短期内公办性质的幼儿园占比下降为18%，民办幼儿园急剧占比上升为62%[1]。更有甚者，广东深圳、江苏徐州、安徽蚌埠、云南昆明等地将公办幼儿园公然转企改制。学前教育作为一种公共服务产品，这样"国退民进"的办园结构，一定程度上弱化了其公共服务功能，偏离了公共服务轨道，一定程度上导致了"入园难、入园贵"。

具有悠久历史、灿烂文化的中华民族，流传着兴学育才、尊师重教的传统美德，再加上年轻的"80后""90后"父母普遍受教育程度较高，更加重视子女教育，所以追求优质教育，它是社会公众对美好生活的期盼。但国家财力与公共服务能力之间的矛盾越发凸显，使国家供给能力与人们美好生活愿望存在巨大反差。"入园难、入园贵"引起社会关注。信息技术逐渐普及，家长对相关信息了解渠道的增加，也推动了社会对"入园难、入园贵"的持续高度关注。种种缘由致使"入园难、入园贵"变得更加敏感，且"入园难、入园贵"的问题在一定范围内更加尖锐突出，已成为影响社会和谐稳定

---

[1] 冯晓霞.大力发展普惠性幼儿园是解决入园难入园贵的根本[J].学前教育研究，2010（5）：4-5.

的一个重要因素。

正是"入园难、入园贵"催生了普惠性民办幼儿园政策。教育公平是社会公平在教育领域内的延伸，教育公平也是维护社会公平的一种重要手段。"和谐社会的本质是和谐利益"，[①]"社会主义和谐社会是利益共享社会"，[②]和谐利益旨在追求利益均衡和利益共享，"弱势群体的存在和经济利益的分化会引起人口流动失序，危害社会稳定"。[③]普惠性民办幼儿园政策是幼儿公平获得受教育权的真正体现，也是执政党的执政宗旨——"在发展中保障和改善民生"的凸显，"人民对美好生活的向往，就是我们的奋斗目标"。[④]普惠性民办幼儿园政策就是要"努力让每个孩子享有受教育的机会，努力让13亿人民享有更好更公平的教育"[⑤]的战略规划和重要路径。

（二）普惠性民办幼儿园政策是国家精准扶贫的重要路径和资源载体

S省财政厅、S省教育厅、S省人力资源和社会保障厅和S省扶贫移民局于2015年12月2日联合发布了《关于实施教育扶贫攻坚政策有关事项的通知》（C财教〔2015〕230号），该文件指出：提高"四大片区"贫困县幼儿保教费减免比例。从2016年春季学期起，将"四大片区"中除民族地区以外的其余34个贫困县的幼儿保教费减免面由10%提高至20%，减免标准为每生每年1000元。免除建档立卡贫困家庭在园幼儿保教费。

教育部、国家发展改革委、民政部、财政部、人力资源和社会保障部、国务院扶贫办于2016年12月16日联合出台了《教育脱贫攻坚"十三五"规划》（教发〔2016〕18号），指出：对建档立卡学龄前幼儿，确保都有机会接受学前教育。健全学前教育资助制度，帮助农村贫困家庭幼儿接受学前

[①] 洪远朋.论利益：洪远朋利益理论与实践研究文集[M].上海：复旦大学出版社，2014：85.

[②] 同上，371.

[③] 同上，344.

[④] 习近平谈治国理政[M].北京：外交出版社，2014：4.

[⑤] 同上，191.

教育。

　　教育脱贫攻坚规划是国家脱贫攻坚规划在教育领域的延伸，教育脱贫攻坚立足于教育自身特点，助推精准脱贫，是国家脱贫攻坚的一种政策工具和重要手段。

　　新中国成立后，由于当时资金、技术严重短缺，加之受国际环境影响，执政者采取了优先发展工业、优先发展城市的战略思路，这种差异化发展的战略规划在一定程度上造成了我国的"三农"问题。当前我国改革大多属于"帕累托改进"，对于个人来说，改革受益程度存在差异。

　　党的十四大以来，我国开始实行市场经济政策。市场经济本质上是一种竞争经济，它取决于市场主体自身努力程度、竞争能力大小，这种优胜劣汰的竞争机制推动了社会经济的持续发展，同时也给公民个体造成巨大压力。而一些群体往往因诸多因素在市场经济大潮中处于弱势地位，主要表现为表达和追求利益的能力严重缺乏。尽管他们可能人数众多，但其自身手中所掌握的资源有限，因此他们的合理利益诉求难以表达出来。与此相反的强势群体利用手中的资源影响舆论导向，乃至影响国家政策走向。

　　2016年10月17日国务院发布的《中国的减贫行动与人权进步》指出：目前中国减贫所面对的多数是贫中之贫、困中之困，减贫任务十分艰巨。一是贫困人口数量多。截至2015年年底，全国还有14个集中连片特殊困难地区、832个贫困县、12.8万个建档立卡贫困村，贫困人口达5575万人，相当于中等人口规模国家的总人数。二是脱贫难度大。未脱贫人口大多贫困程度更深、自身发展能力较弱，脱贫攻坚成本更高、难度更大。三是时间紧。中国已提出从2016年起，平均每年要减贫1000万人以上。四是易返贫。不少贫困户稳定脱贫能力差，因灾、因病、因学、因婚、因房返贫情况时有发生，新的贫困人口还会出现。

　　世界上一些成功的教育脱贫经典案例已引起世人关注，诸如1962年美国的"佩里计划"和1965年的"开端计划"，1998年英国的"确保开端计划"等，已引起全世界高度的关注。

　　投资教育就是投资未来，他山之石，可以攻玉。扶贫脱贫不仅局限于经济杠杆，简单输入一些项目、资金，更重要的是树立生活信心，消除贫困文化，阻断代际贫困。阻断代际贫困、消除贫困文化最重要的手段就是教育，教育最核心的关键必须从幼儿抓起。普惠性民办幼儿园政策旨在通过经济杠杆关照幼儿入园机会均等、逐步享受有质量的学前教育服务等问题,因此只有做好教育扶贫,尤其是教育精准扶贫,才能从根本上阻断代际贫困、逐渐消除贫困。

(三)生育政策的调整对学前教育资源存量构成巨大压力

1949年以后,基于地大物博的生存优势,经济发展也亟须大批人力资本,所以当时人口处于自发生长阶段。人口无序增长,经济发展严重滞后,人们日益增长的利益诉求与政府公共服务能力的缺乏,这构成巨大的矛盾。为了缓解这种矛盾带来的压力,1980年开始实行计划生育政策。自实行该政策至2012年,经过全国人民的共同努力,我国2010年的人口总出生率为千分之九点五,与实行计划生育前的平均人口出生率相比下降为千分之八点五。[①]这对于提高人口素质、控制人口数量、缓解就业压力、促进人与自然和谐发展均有重大意义。但也要清醒地看到,这一政策实行所带来的一些问题。随着计划生育政策的不断成熟,独生子女家庭不断增多,小孩社会化问题受到一定程度的影响;"4+2+1"的核心家庭模式,子女的家庭负担加重;加之传统重男轻女的陈旧观念,一定程度上影响了人们的生育选择,导致男女比例失调;独生子女遭遇意外事故,给家庭成员带来了精神上的打击和生活上的痛苦。2000年我国已进入老龄化社会,用于养老的各类开支急剧上升,社会养老压力加大;随着人们认识水平提升、生育观念转变,小孩抚养成本、教育成本急剧攀升,自然生育率一直处于较低水平。我国出生率一直偏低,人口老龄化加剧,青壮年劳力锐减,影响经济发展和社会和谐稳定。为了解决人口结构失衡、劳力数量急剧下降、养老成本加大、降低失独家庭损失等一系列社会问题,促进人与经济社会和谐发展,2011年国家实行"单独二孩政策",2013年实行"双独二孩政策",但效果不尽人意。2015年二孩政策全面放开。学前教育资源存量本身短缺,尤其是优质学前教育资源严重

---

① 岳文博.二胎政策放开的利与弊管窥[J].山西青年,2016(8):5.

缺乏，加之人口政策变动，我们既要面对眼前更加迫切的现实，又要注重普惠性民办幼儿园政策的科学制定和良性运行机制的合理设计。

（四）生活阅历的启迪

每当有人问我的研究方向时，我会真诚相告，对方马上会露出诧异的神色。我能读懂他的心语：这么一大把年龄来研究学前教育，适切性何在？我中学讲课留下的唯有一点学科的应试技巧。自己小孩也是在几千年传统文化的影响下健康成长，自身根本未涉猎学前教育专业知识。更有甚者，一位长者在非正式场合面对众人严肃地说，某某最不适合选择学前教育专业，无一点优势。

普惠性民办幼儿园政策为何进入我的研究视野呢？一方面源于浓厚兴趣。早年报考硕士研究生时，我毫不犹豫地选择了它，后因当时学前教育专业即"女儿国"的传统思维模式而阴差阳错地被刷掉。硕士研究生毕业后，我很幸运地进入了一所高校，倔强的个性驱使我渴望圆"当年的梦"：一是始终坚信，童言无忌、天真可爱是人类早期淳朴善良本性的反映；二是从孩子身上能看到人类诸多美好的东西，远离当前被市场经济浸润而成的市侩、浮躁、功利的生活，兴趣促使我不断努力，总想早日跨入这一研究行列，也许是上帝的青睐、生活的恩典，2015年终于如愿以偿，考上了学前教育专业博士研究生，专业的确立奠定了今后的学术方向，所以我时刻关注学前教育政策演变。

另外，选择研究学前教育与本人成长经历有关。一个四面环山、层层梯田蜿蜒至河谷的丘陵，一片生机盎然、四季草木葱茏的山林美景，一个S省三县交界的一个小山村，这就是我的诞生地。

我有一个充满温馨、和谐的小家庭。父亲，一个厚道、知书达理而处处显得威严，面孔却给人一个和善、慈祥印象的老人；母亲，上过三年小学而非常幸运地被选为当时的保健员培养对象，而后成为我们LS区医院的正式医生。当时我的家境十分惨淡：祖父、祖母、姑姑常年生病，身边无人照料；伯父年纪轻轻却撒手人寰，伯母远走他乡，留下两个年幼的堂兄，为了振兴即将崩溃的家庭，父母毅然辞去铁饭碗。

后来5岁的我随姐姐一起上学，先是去幼儿园上学，当时唯一的学习用品是2分钱的一支铅笔、5分钱的一个作业本，没有书包。第一天接待我的是一位男老师，我至今还记得他的名字：陶家龙。我在一个不到一米的木台上学习，一开始根本不知读书为何物，因人小年幼，天天丢失铅笔、作业本，不时受几个大个子男同学欺辱，更惊险的一幕就是一天中午放学，我刚走到阶梯下坡时被本班一位高个子男同学猛力一推，这样骨碌碌地滚在一家门前。门前刚好有一条臭水沟，当时衣服被地上污水浸透，当时我气愤至极却又无可奈何，只能大声哭泣以吸引路人的关注。父母见我年幼被欺，武断地宣布：不上幼儿园，直接读小学，我为期两天的幼儿园生活就这样结束了。

这样，我被父母安排在村小上一年级，与姐姐同班就读，便于互相照应。早年这一唯有两天而终生难忘的经历深深影响了我的一生，我带着缺失的幼儿园经历走到今天，发誓从研究学前教育政策角度来引领幼儿教育健康发展，弥补当年幼儿教育的不足，希冀更多的幼儿能够入园生活、学习，度过健康、快乐的童年时光，不再重演本人的悲剧。

二、文献回顾

（一）国内文献

本研究涉及的关键词主要有"普惠性学前教育政策""普惠性幼儿园政策""普惠性民办幼儿园政策"等，笔者主要从这三个方面搜集相关文献，现简要介绍该领域研究现状。

1.普惠性学前教育政策运行的相关研究

王默以沈阳等地300所各类幼儿园为研究样本，探讨学前教育政策运行机制，政策运行机制探讨定位于质量政策、体制政策、教师政策、经费政策

"相互关系及其运行方式"①的解读,不过运行方式阐释似乎不够明晰。丁秀棠考察我国民办学前教育发展现状后指出,国家要实现"公益性、普惠性"幼儿园目标,将民办幼儿园纳入目标范畴,要求民办幼儿园提供普惠性学前教育服务,首先政府应明确自己的主体责任和主导作用,给予民办幼儿园一定的财力支持,并规范其办学行为,最终应由政府、市场、消费者来共同分担学前教育成本。②不过对民办学前教育发展现状与"普惠性"目标差距的缘由未进行深入剖析,仅呈现其差距情形。刘俊孜调研发现,一些地方将发展普惠性学前教育简单理解为举办普惠性幼儿园、追求入园率。③他剖析其缘由,提出破解路径,不过原因分析与对策不是一一对应的。刘颖通过调研发现,普惠性学前教育政策运行中暴露出诸多问题:个别县政府迫于财政压力简单地将政府购买服务作为提供普惠性服务的主要手段。部分地方政府在制定普惠性学前教育政策时未明确园舍布局和入园机会均等的规定,更有甚者将"普惠"直接理解为"限价"。研究者透过表层现象,深刻剖析其背后缘由:政策文本的模糊性、地域差异性、地方政府的误解、利益主体之间的博弈等,④最后得出结论。研究者对问题、原因的论述较为详尽,结论稍显简单。余晖、丁秀棠等以北京市为例,对其普惠性民办学前教育机构进行田野考察,经过走访发现,政策运行中呈现诸多问题:北京市对举办者存在明显歧视现象,如对举办者的户口、固定居所、举办者资质、投资额度、班级数、班额数均有严格规定,具有浓郁的地域色彩和身份标签意识。研究者针对这些问题,进而提出对策。杨玉杰、吴雯雯等以安徽省为个案,通过实地调研,发现诸多问题:地方财政投入较少、学前教育经费分配不均、师资力量薄弱等。研究者针对发现的问题,也提出了相应的举措,不过对体制机制痼疾剖析不足。刘思源运用多中心治理理论,以广西南宁市为个案进行实证研究,经过实地调研后发现,办园结构不合理,民办幼儿园占93%,学前

---

① 王默.普惠性幼儿园的社会期待及普惠性政策运行机制研究[D].沈阳:沈阳师范大学,2013:38.
② 丁秀棠."普惠性"目标定位下民办学前教育的现状与发展[J].学前教育研究,2013(3):16.
③ 刘俊孜.普惠性学前教育政策执行偏差问题研究[J].兰州教育学院学报,2020(8):89,90.
④ 刘颖.普惠性学前教育政策的执行偏差:表现、原因及对策分析[J].教育发展研究,2016(6):20-22.

教育公益性难以凸显；家庭月支付幼儿费用1000～2500元，[①]家长负担过重，影响家庭生活质量；师资力量薄弱影响教育教学质量。他分析缘由、提出对策，论述具有逻辑性，不过思考的深度稍显不足。肖雅筠、潘成华、徐霄、蒋国汉以江汉平原为例，呈现江汉平原农村普惠性学前教育资源短缺现状，随后提出相应举措。[②]不过资源短缺问题与对策不一一对应，对策也缺乏新颖性。赵明玉、杨秀玉介绍英国普惠性学前教育政策演变历程、实施阶段，最后指出对我国发展普惠性学前教育的启示。[③]不过仅侧重于确保开端儿童中心的政策叙述，没交代政策诞生背景，政策演变、实施现状也比较简略，对后面启示铺垫作用有待强化。胡耀岗、张玉暖、王亚丽指出我国普惠性学前教育政策实施中的问题，"资源短缺、结构失衡、城乡普惠性学前教育差距较大、普惠性学前特殊教育较薄弱"等，[④]随即提出相应举措。李晔明、马利娜简介美国、英国、澳大利亚、日本等发达国家普惠性学前教育政策内容，指出对我国发展普惠性学前教育的启示。[⑤]不过内容较简略，很多问题尚未充分展示。徐莹莹、王海英、刘静指出在我国普惠性学前教育政策实施中普惠性学前教育发展的现实困境，并提出相应实施路径[⑥]。不过侧重理论探讨，若有相关事例、数据也许更具有说服力。刘炎、郑孝玲探讨我国普惠性学前教育公共服务属性，将其定位为非基本公共服务[⑦]，且引用一些案例具体解剖，具有一定说服力。赵南指出当前在实施普惠性学前教育政策中必

[①] 刘思源.多中心治理理论视角下南宁市普惠性学前教育发展路径研究[D].南宁：广西大学，2014：19.

[②] 肖雅筠，等.江汉平原地区农村普惠性学前教育资源开发与保障机制研究[J].党政领导思考，2020（21）：65-67.

[③] 赵明玉，杨秀玉.英国普惠性学前教育政策及启示[J].外国教育研究，2014（8）：56-60.

[④] 张耀岗，等.我国普惠性学前教育的发展研究[J].教育探索，2016（5）：50-52.

[⑤] 李晔明，马利娜.发达国家普惠性学前教育对我国普惠性幼儿园的启示[J].科教导刊（中），2012（12）：241,254.

[⑥] 徐莹莹，王海英，刘静.普惠性学前教育：文化意蕴、现实遭遇与路径创新[J].当代教育论坛，2021（1）：14-17.

[⑦] 刘炎，郑孝玲.关于普惠性学前教育公共服务属性定位的探讨[J].教育研究，2020（1）：4.

须明确的两个问题:"究竟谁需要学前教育、需要什么形式的学前教育。"[①]随即展开了深刻剖析,意在说明制定政策、执行政策必须具有针对性,真正做到政策资源精准配置。郑子莹解读了普惠性学前教育概念,指出发展普惠性学前教育是政府的责任,且将其责任具体化,[②]不过似乎缺乏新意。丁秀棠通过走访发现,北京市民办学前教育发展路径具有普惠性与选择性。普惠性民办学前教育发展路径为"政府委托办园、政府购买服务",[③]以此破解"入园难""入园贵"。罗英智、李卓以沈阳市、鞍山市为研究样本,探寻随迁农民工子女学前教育现状,并提出相应举措,[④]不过问题与对策不一一对应。发展学前教育是政府义不容辞的责任,刘诗语以重庆市Y区为例探讨在发展学前教育中政府履职存在的问题有学前教育发展不平衡,学前教育公益性突显不足等[⑤],并提出相应举措,不过似乎缺乏新意。

  发展普惠性学前教育,政府必须要建立相应的非营利性财政保障制度。推动普惠性学前教育政策健康运行不仅需要长期、稳定的财力支撑,更重要的是科学、合理的财政投入,这样才能保证政策运行效益。庞丽娟调研发现,普惠性学前教育财政投入结构失衡,表征为区域投入、机构投入、教育要素投入结构失衡,亟须优化投资结构和投入机制。[⑥]张绘梳理了镇江学前教育财政投入改革试点经验,最后提出财政政策投入机制的设想。[⑦]刘红宇根据广西的实际提出扶持普惠性民办教育的财政政策建议,[⑧]凸显普惠性、

[①] 赵南.发展普惠性学前教育应考虑的两个基本问题[J].教育发展研究,2020(24):53-58.

[②] 郑子莹.我国学前教育普惠性概念的建构及政府责任[J].四川教育学院学报,2012(11):1-3.

[③] 丁秀棠."普惠性"与"选择性":北京市民办学前教育不同发展战略分析[J].教育导刊,2013(2):16-17.

[④] 罗智英,李卓.农民工随迁子女学前教育现状与对策:以沈阳市和鞍山市为例[J].中国教育学刊,2012(10):20-22.

[⑤] 刘诗语.学前教育发展中的政府责任研究:以重庆市Y区为例[D].重庆:西南政法大学,2016:16-17.

[⑥] 庞丽娟.学前教育财政投入结构亟须优化[N].中国教育报,2014-5-25.(第1版)

[⑦] 张绘.我国学前教育经费投入的共性问题如何解决:江都镇江市改革试点的经验与启示[J].财政科学,2016(9):28-39.

[⑧] 刘红宇.广西加快发展普惠性民办教育的财政扶持政策思考[J].经济研究参考,2014(17):11-13.

普遍性。黄洪基于事权与责权视角探讨普惠性学前教育公共财政投入分担机制，首先剖析各级政府分担现状，随后解读能力与责任的逻辑机理，最后提出县级政府普惠性学前教育公共财政投入分担机制优化路径。从2010年开始，广西壮族自治区柳州市及所辖区（县）由政府出资给具备办园资质的民办幼儿园统一配备安全协管员，且2013年颁布了《民办普惠性幼儿园奖补方案》，[①]这样从人力、财力等方面有效支持民办幼儿园健康发展。吕萍、付欣悦以浙江杭州为个案，介绍了当地市政府为了实现学前教育普惠目标，构建具有浓郁地域特色的成本分担与生均补助政策体系，在确保增量前提下优化财政投入方式和结构，效率与公平并举，尤其凸显公平特色，公民投资一体、公民同工同酬。[②]不过研究者未对其理论基础乃至一些体制性障碍作出较为详细、深刻的论述。农村学前教育是整个学前教育的短板，农村普惠性学前教育是提升农村学前教育水平的关键，积极稳健的财政政策是促进农村普惠性学前教育健康发展的关键。孙华东针对当下农村财政政策现状，进而提出相应的财政举措，不过文章新意略显不足。区域学前教育公共财政资源普惠性配置是发展普惠性学前教育的关键举措。张建萍等以宁波市江北区为例，针对发现的问题，提出一系列有效措施，不过问题揭示不够清晰。

普惠性学前教育要健康发展，普惠性师资科学配置是关键，戴孟雷等从学前教育师资现状入手，随即提出相应措施，诸如增加男幼师比例，提升男幼师地位等，[③]不过研究者思考的深度还稍显不够。张建萍等以浙江省宁波市江北区为个案，从财政角度探讨教师分类分层管理，即事业编教师、非事业编教师、临时聘用且成长期非在编[④]教师，这是一种梯度制度设计，旨在

[①] 邓小莲.扶持广西民办学前教育发展的投入政策研究：从政府购买公共服务视角[J].经济研究参考，2014（17）：15.

[②] 吕萍，付欣悦.学前教育普惠性视角下财政投入模式：以浙江省杭州市为例[J].早期教育，2013（11）：22.

[③] 戴孟雷，谢虹，彦宁宁，等.区域学前教育师资普惠性配置的实践探索[J].上海教育科研，2015（6）：80.

[④] 张建萍，江爱军，王霞玉.区域学前教育公共财政资源普惠性配置机制改革探析[J].上海教育科研，2015（6）：85.

合理配置普惠性师资，最终提升幼儿教师队伍的整体素质。不过研究者侧重于现状简述，对存在的问题论述不足。王晓阳以辽宁省A县为研究样本，对县域内优质师资共享进行实地调研，通过问卷、访谈，将共享细化为网络共享、流动共享，[①]针对政策运行机制现实问题，构建相应运行机制。

文化是影响教育的一项重要因素，诸如文化影响或制约着教育内容、教育观念、教育手段等。文化公平是教育公平的体现，是发展普惠性学前教育的关键，也是学前教育普惠性的重要体现。梁小丽等立足于民族地区学前教育现状，尤其是学前教育发展中民族地区忽视儿童文化的状况，分析其出现缘由，进而剖析发展普惠性学前教育必须重视儿童文化的必要性，最后提出重视儿童文化的举措。

2.普惠性幼儿园政策运行的相关研究

张雪萍以武汉市武昌区、洪山区、江岸区、硚口区、东湖高新区、新洲区等70所幼儿园为研究样本，揭示出普惠性民办幼儿园发展存在的诸多问题，并提出解决路径。[②]不过似乎缺乏新意。孙明霞以新疆吐鲁番市幼儿园为例，回顾其发展成效、指出存在的问题、提出解决思路。[③]不过未对问题背后缘由进行深入解剖，对策缺乏理论深度。杨文东、马力针对宁夏回族自治区银川市兴庆区35家普惠性幼儿园收费乱象，提出收费管理的政策建议。[④]不过未对收费乱象背后缘由深刻揭示，应对举措缺乏新颖性。郭猛以内蒙古通辽市普惠性幼儿园为研究样本，探讨民族地区家长对普惠性幼儿园的社会期待，期待维度为"园务工作、园舍建设、保教工作、人员资质、人员配备、政府职责、总体期待"，[⑤]求解家长的社会期待值。未对期待值之间

[①] 王晓阳.县域内学前教育优质教师资源共享机制研究：以A县为例[D].锦州：渤海大学，2015：23-24.

[②] 张雪萍.普惠性幼儿园存在的问题及解决途径：以武汉市为例[J].武汉工程职业技术学院学报，2020（4）：53-57.

[③] 孙明霞.新疆普惠性幼儿园发展的成效、问题与对策建议：以吐鲁番市幼儿园为例[J].语言与翻译，2020（1）：77-80.

[④] 杨文东，马力.普惠性幼儿园收费监管浅议[J].中国价格监管与反垄断，2021（3）：51-52.

[⑤] 郭猛.民族地区普惠性幼儿园的社会期待[J].开封文化艺术职业学院学报，2021（1）：175.

的差异进行深刻解读，理论深度不够。胡艳玲以湖南株洲市普惠性幼儿园为例，针对建设中的问题，提出解决路径："合同管理、动态管理、建立观察员制度和服务信息公开制度"等。[1]秦旭芳、王默针对普惠性幼儿园建设桎梏，提出突破路径。他们认为，桎梏在于"观念层面、实践层面"。[2]刘思博鉴于新政策背景下，提出我国普惠性幼儿园发展战略，不过新颖性不足。其认为，普惠性幼儿园将成为深圳市学前教育发展的重头戏，"到2015年全市普惠性民办幼儿园达至60%以上，每个社区都有一所普惠性幼儿园"，[3]并对其进行有效监管，促进其健康成长。

吕萍、付欣悦通过对我国一些普惠性幼儿园现状的解剖，指出普惠性幼儿园是一种"非营利组织"，非营利性是其本质特性。吕武论述了当下省级政府普惠性幼儿园政策运行的现状，剖析了原因，提出了对策。秦旭芳等以辽宁省沈阳、盘锦、阜新为例进行实证研究，将幼儿家长分解为"地域、学历、收入、年龄"[4]四个维度，将普惠性幼儿园分解为"园务工作、园舍建设、保教工作、人员资质、人员配备、政府职责"[5]六个维度，分别求解每一位家长的社会期待值，不过呈现的结论多，值得探讨的问题少。王默以辽宁省鞍山、沈阳、大连、本溪、阜新、铁岭的300个各类幼儿园为样本进行实证研究，将学前教育普惠政策分解为质量、体制、教师、经费四个维度[6]，通过问卷、访谈，最后得出结论并对其进行剖析。不过对政策四个维度之间关系及其运行方式的论述不够清晰，多为他人研究成果。马莉娟对重庆市几个县区进行田野考察，通过访谈得知，建设中存在诸多问题，并提出相应建议，不过剖析深度不够。王默等以沈阳、盘锦、阜新为例，对400名家长和70名园长进行访谈、问卷调查，最后对访谈记录和调查问卷统计处理、分析，进而提出发展普惠性幼儿园的思路，不过量化处理得出的问题，

---

[1] 胡艳玲.株洲市普惠性幼儿园的建设：现实与构想[D].长沙：湖南师范大学，2014：42-44.
[2] 秦旭芳，王默.普惠性幼儿园建设的桎梏与突破[J].早期教育.教科研，2013（3）：23.
[3] 王海婷.普惠性幼儿园成为深圳学前教育发展重点[J].教育导刊.下半月，2012（6）：96.
[4] 秦旭芳，王默.普惠性幼儿园的社会期待比较研究[J].早期教育（教科研版），2013（12）：13.
[5] 同上，14.
[6] 王默.普惠性幼儿园的社会期待及普惠政策运行机制研究[D].沈阳：沈阳师范大学，2013：8.

阐述得不够清晰。夏梦雪以广东佛山市N区为个案，调研中发现了一些突出问题，提出了相应对策。不过研究者未准确界定"普惠性幼儿园"，易让读者误解，如某些普惠性幼儿园对教师社保"偷工减料"，"校长随意设置工资标准"等。[①]王东等对辽宁省鞍山、辽阳两地进行实地调研得知，普惠性幼儿园建设中暴露出诸多问题，随即提出相应建议。研究亮点在于将建议分为"长期政策目标、近期对策"，且将"公共财政优先投入乡村"[②]作为一项近期目标。不过王东对财政投入、教师身份转变涉及体制问题等思考的深度不够。

董青以粤省S县为个案，通过田野考察，发现普惠性幼儿园教育成本分担凸显出诸多问题，如"政府和社会分担比例偏低，而幼儿家长分担比例过重"，[③]并提出相应的实施路径。彭湃等将美国佐治亚州与我国深圳市学券制政策进行对比，继而对其效度从五个方面进行评估，最后借鉴佐治亚州成功经验提出建议。澎湃指出，我们既要有"开放的心态"，又要"防止管制措施异化"，[④]这值得关注。不过文章关于"讨论与建议"一节，只有"建议"，未见"讨论"。

李晔明以沈阳市36所普惠性幼儿园为个案，将学习环境分解为设备、工具和材料，主要包括室内空间及设施、语言及推理、活动三部分，[⑤]不过问题与对策的匹配度不高。

3.普惠性民办幼儿园政策运行的相关研究

陈湘等以湖南省株洲市普惠性民办幼儿园为个案，将保障分解为四个维度："制度、经费、师资、物质"，搜集资料分别从"社会、政府、幼儿

---

① 夏梦雪.教育公平视角下普惠性幼儿园建设研究：以佛山市NH区为例[D].武汉：华中师范大学，2015：28.

② 王东，张鲜丽，赵丽.辽宁省非营利普惠性幼儿园发展存在的问题及对策[J].鞍山师范学院学报，2014（6）：42.

③ 董青.发达地区普惠性幼儿园教育成本分担：以粤省S县为样本[J].地方财政研究，2017（1）：88.

④ 彭湃，俞文.公共财政支持普惠性幼儿园：基于学券制分析框架的中美比较[J].教育与经济，2015（2）：23.

⑤ 李晔明.普惠性幼儿园学习环境现状调查及思考：以沈阳市为例[D].沈阳：沈阳师范大学，2013：12.

园、幼师"①四个方面，发现了一些问题，进而提出相应措施。张菊梅、欧小军探讨政府扶持普惠性民办幼儿园的现实问题：融资社会参与不足，运营管理不力，评价机制亟待完善，扶持举措比较单一，侧重财政补贴，且力度不够，②进而剖析缘由，提出建议。王声平、皮军功、关荆晶从湖南、湖北、河南不同办园水平的普惠性民办幼儿园，随机抽取350位园长、副园长进行施测。测试结果显示，地方政府认定、评估普惠性民办幼儿园侧重结构性质量，而相对忽视过程性质量和结果性质量。政府扶持政策单一，财政补贴，且力度不够。政府对财政补贴资金使用监管不力，普惠性民办幼儿园专业成长的外在环境和条件缺乏，普惠性民办幼儿园缺乏自我评价。③张嵩以长春市普惠性民办幼儿园为研究样本，研究发现，财政补贴少，补贴标准低，且严格规定专款专用，致使很多普惠性民办幼儿园运转艰难，最后提出对策。陈希运用循证理论考察普惠性民办幼儿园内部管理，研究发现，教育质量管理不到位、财务管理欠规范、师资管理缺乏人文情怀④等，随后提出建议。郑益乐、朱敬以贵州省六盘山M片区为研究样本，研究得知，政府权力资源分散，统筹协调难度较大，针对这一问题，研究者提出相应举措。倪娜、刘琬研究发现，政府财政补贴力度不大，随后提出相应对策。崔晴研究得知，对普惠性民办幼儿园扶持政策缺乏明确规划，财政补贴太少，难以激发起普惠性民办幼儿园的普惠动能。贾君君通过实地调研，发现职能部门对普惠性民办幼儿园管理缺位，随即提出相应建议。刘焱、郑孝玲、宋丽芹通过对3个省5个区县的123所普惠性民办幼儿园进行田野考察，发现财政补贴较少，亟须强化。曹梦婷从"面"上分析，发现财政补贴难以兑现，致使一些普惠性民办幼儿园运转艰难，应不断加大对普惠性民办幼儿园质量保障的力度。

---

① 陈湘，陈阳阳，陈平，等.株洲市普惠性民办幼儿园运行保障的现状研究[J].大众标准化，2021（17）：78-79.

② 张菊梅，欧小军.政府扶持普惠性民办幼儿园的问题与对策[J].教育探究，2021（7）：17-18.

③ 王声平，皮军功，关荆晶.政府发展和管理普惠性民办幼儿园的现状及其改进建议[J].学前教育研究，2018（8）：22-23.

④ 陈希.循证理论在普惠性民办幼儿园管理中的运用探析[J].教育导刊，2020（10）：57.

石丽娜、李志华采用目的抽样、分层抽样,选取吉林省普惠性政策落实较好的6个县的12所民办幼儿园的92个班级为研究样本,其中包括28个小班、34个中班、30个大班,开展幼儿园教育环境质量现状调查、分析,结果发现,幼师专业发展渠道不够畅通,区角环境创设整体水平亟待提升,游戏在幼儿活动中的价值被忽视,师幼互动中幼师教育智慧彰显不足,[1]进而提出建议。师资质量决定教育质量。郑益乐、周晔、史文秀以六盘山M片区7县38所普惠性民办幼儿园幼师为研究对象,调研发现,幼师"硬"件不"硬",即学历偏低、专业背景的幼师较少、获取幼师资格证的较少,举办者过度逐利,挤占了幼师专业发展空间,付出成本较高,回报率较低,幼师流动性较高,进而提出对策。罗燕以陕西秦巴特困连片山区普惠性民办幼儿园为例,田野考察后发现,幼师素质较低,且幼师队伍不够稳定,随即提出相应举措。徐兴林以山东省普惠性民办幼儿园为考察对象,调查后发现,幼师资源总量不足,且发展不均衡、不充分,[2]随后提出建议。李延方在河南省某地级市9所普惠性民办幼儿园中每个幼儿园选取一个样本班级参与研究,最终研究结果显示,幼师互动质量整体处于中等水平,随后提出建议。冯美玲以长春市某区为例,对普惠性民办幼儿园师资进行考察,调研发现,幼师数量不足,从教经验缺乏,工作压力较大,培训效果较差,[3]进而提出对策。魏梦雪研究发现,普惠性民办幼儿园内部质量管理参差不齐且整体偏低,因师资是保教育质量的核心要素,师资队伍面临诸多困境:幼师准入标准较低,待遇较低,科研意识缺乏等,[4]随后提出相应措施。李婷婷针对普惠性民办幼儿园师德建设问题,如师德建设目标不明确,建设内容不完善,培训方式不合理等[5],进而提出相应举措。崔晴认为,普惠性民办幼儿园优质幼师缺乏,要

---

[1] 石丽娜,李志华.县域内普惠性民办幼儿园教育环境质量分析及改进策略:以吉林省为例[J].教育科研,2021(9):14-15.

[2] 徐兴林.山东省普惠性民办幼儿园教育发展研究与探索[J].教育观察,2019(3):69.

[3] 冯美玲.普惠性民办幼儿园师资队伍存在的问题及对策:以长春市某区为例[J].教育观察,2019(22):114-115..

[4] 魏梦雪.普惠性民办幼儿园质量提升路径[J].豫章师范学院学报,2021(2):59-60.

[5] 李婷婷.普惠性民办幼儿园师德建设现状与问题研究[J].科教导刊,2021(12):56.

提升保教育质量必须建设一支合格的幼师队伍。贾君君研究发现，普惠性民办幼儿园师资队伍较薄弱，亟待加强。何惠丽通过对甘肃省陇南市普惠性民办幼儿园幼师队伍考察后，发现幼师待遇较低，流动性较大，随后提出相应建议。

陈思、张深谊在黄冈市3所普惠性民办幼儿园中任选80名家长作为调查对象，采用问卷来搜集资料，结果发现，家长期待普惠性民办幼儿园生均经费与公办园持平或略高，期望有优质幼师，期望就近入园等。[①]随即提出相应建议。贾君君研究得知，家长对普惠性民办幼儿园期待值很高，现实中普惠性民办幼儿园认同度较低，随即提出相应举措。

张嵩以长春市普惠性民办幼儿园为例，针对其发展中的现实问题，提出相应对策。[②]不过缺乏新颖性。曹梦婷根据普惠性民办幼儿园发展的现实困境，指出："规范管理质量提升是我国普惠性民办幼儿园发展新方向。"[③]论述较深刻。郑益乐、周晔、史文秀以贵州省六盘水市M片区7县38所普惠性民办幼儿园为研究样本，揭示师资队伍建设瓶颈，进而提出破解路径："消解教师队伍建设机制障碍、对教师实施'精神福利'等。"[④]不过未剖析其成因，理论力度有待增强。何惠丽以甘肃省陇南市普惠性民办幼儿园为研究样本，呈现教师流动的现实问题，剖析其缘由，提出相应举措[⑤]。不过教师流动缘由解读深度不够，对策缺乏理论深度。崔晴根据我国普惠性民办幼儿园发展中存在的问题，提出相应建议。[⑥]不过似乎缺乏理论深度。崔立华针对我国普惠性民办幼儿园发展瓶颈，提出相应举措。[⑦]不过似乎缺乏新颖性。

---

① 陈思，张深谊.普惠性民办幼儿园的家长期待研究[J].文教资料，2019（25）：170.

② 张嵩.长春市普惠性民办幼儿园存在的问题与对策研究[J].长春教育学院学报，2020（10）：69-72.

③ 曹梦婷.规范管理质量提升：我国普惠性民办幼儿园发展新方向[J].陕西学前教育学院学报，2021（2）：102.

④ 郑益乐，周晔，史文秀.西部连片特困地区普惠性民办幼儿园教师队伍建设的现实困境与突围路径[J].教师教育研究，2021（1）：79.

⑤ 何惠丽.陇南市普惠性民办幼儿园教师流动问题及对策研究[J].哈尔滨师范专科学校学报，2019（5）：17-18.

⑥ 崔晴.普惠性民办幼儿园发展问题及建议[J].教育观察，2019（3）：72-74.

⑦ 崔立华.普惠性民办幼儿园发展困境及破解策略[J].教育教学论坛，2020（40）：99-100.

刘琬根据我国普惠性民办幼儿园转"普"瓶颈，提出相应发展战略。[①]不过论述简略，且理论力度不足。庞国栋以郑州市为例剖析普惠性民办幼儿园扶持机制，尽管郑州采取多元扶持举措，不过仍存在诸多问题，其针对这些不足提出相应举措。杨睿以乌鲁木齐市水磨沟区为例，总结该地扶持普惠性民办幼儿园的实践探索经验，也指出现实问题：小区配套幼儿园办园成本高，举办者不愿加入普惠行列。[②]现实问题尚未剖析缘由，理论深度有待提高。

（二）国外文献

本研究涉及了关键词"免费政策""资助政策""准入政策""培训政策""质量政策"等，因此，笔者从这些方面来搜集文献，现简要回顾该领域研究现状。

1.实行学前教育免费政策

这里以OECD国家和亚太地区为例，也许可管中窥豹。这些国家和地区的学前教育免费政策具体分为以下四种情形：

（1）0～6岁阶段不制定任何免费政策的国家有丹麦、德国、挪威、芬兰，[③]他们已实行免费教育。这里丹麦的学前教育免费政策也许具有一定的代表性，因为它是北欧高度发达的资本主义国家，它没有将学前教育纳入义务免费教育阶段，学前教育对象为0～6岁儿童，学前教育成本政府支付至少"75%"，而家庭支付最多"25%"。[④]可见，丹麦施行差异化免费学前教育政策。

（2）实行3年（3～6岁）免费政策的国家有法国、卢森堡、墨西哥、瑞典、意大利、英国、比利时、葡萄牙。[⑤]这些国家中，英国是老牌资本主义

---

① 刘琬.普惠性民办幼儿园转型瓶颈及对策[J].决策探索，2019（6）：70.
② 杨睿.普惠性民办幼儿园扶持与管理的实践探索：以乌鲁木齐市水磨沟区为例[J].新疆教育学院学报，2014（2）：22.
③ 周兢.国际学前教育政策比较研究[M].上海：华东师范大学出版社，2012：31.
④ 刘小红.丹麦学前教育机构的特色及启示[J].教育科研，2020（5）：2.
⑤ 周兢.国际学前教育政策比较研究[M].上海：华东师范大学出版社，2012：31-32.

国家，其学前教育免费政策也许具有一定的示范价值。从2010年起，英国一些地区开始将3岁幼儿纳入免费保教育范畴，特别贫困地区延伸至2岁。提供这些免费学前教育服务产品的供给主体有公立学前教育机构、部分私立学前教育机构、志愿者团体。为了保证这些政策健康运行，儿童、学校和家庭事务部对这些专项经费单列预算，以限制性拨款方式予以下达至各类学前教育机构。[1]研究者多陈述客观事实，事实背后缘由尚未剖析。

（3）实行2年（3～5岁或4～6岁）免费教育政策的国家是爱尔兰、荷兰，美国、瑞典的部分地区也开始推行4～6岁幼儿免费教育[2]。美国是当今世界综合实力最强大的国家之一，其学前教育免费政策也许具有一定的推广效应。美国幼儿一般享受1～2年免费义务教育，尤其是处境不利儿童，国家以项目推动，诸如提前开端计划、早期提前开端计划等，教育部对此做出一些宏观规划，联邦政府的健康与人类部具体组织实施。为了更好保障这些项目顺利实施，"2002年财政年度，'开端计划'财政预算是65亿美元，布什政府预计在2003年财政年度为它提供67亿美元的基金。"[3]可见财力保障是政策运行的关键因素。

（4）提供学前教育1年（5～6岁）免费的国家有澳大利亚、奥地利、韩国、加拿大、挪威。[4]韩国曾是亚洲"四小龙"之一，其学前教育免费政策也许富有特色。韩国学前教育机构有幼儿园、幼儿之家，前者服务对象为3～5岁幼儿，侧重教育，后者服务对象为0～5岁幼儿，侧重保育。[5]2010年后陆续修订学前教育相关法律法规。修订后的学前教育相关法律法规规定，中、小学可以建附属幼儿园，亦可将废旧教室改建成幼儿园，以增加学前教育增量；同时对低收入家庭幼儿给予一定经济补偿，不断提升保教质量（包

---

[1] 霍力岩, 等.美、英、日、印四国学前教育体制的比较研究（上）[M].北京：北京师范大学出版社, 2013: 213, 261.

[2] 周竞.国际学前教育政策比较研究[M].上海：华东师范大学出版社, 2012: 31-32.

[3] 将衡.良好的开端, 聪明地学习：布什政府的早期幼儿教育改革动议[J].湖南师范大学教育科学学报, 2002（2）：117.

[4] 周竞.国际学前教育政策比较研究[M].上海：华东师范大学出版社, 2012: 31-32.

[5] 金晓丹.韩国公费学前教育政策改革与启示[J].集美大学学报, 2021（4）：54.

括私立幼教机构）。[1]2013年全面实行公费学前教育政策。不过这一政策实施一段时间后，发现财力紧张，社会公众侧重关注公费比例，而相对忽视了幼教价值。[2]研究者多致力于呈现具体情境，缘由尚未深刻揭示。

（5）印度、俄罗斯免费义务教育从6岁开始，巴西免费义务教育从7岁开始。[3]俄罗斯是苏联解体后最大的加盟国，其学前教育免费政策也许值得关注。凡是俄罗斯公民自出生2月至7岁，均可接受学前教育，其中1.5～7岁由国家承担，1.5岁之前由家长自行决定。残障儿童一律免费入园，且纳入正常儿童班级随班就学。[4]从2007年开始，俄联邦政府向有学龄前幼儿家庭发放入园杂费补贴，[5]2013年及2014年资助金额500亿卢布用于学前教育区域系统的现代化计划的实现。[6]尤其是对处境不利幼儿家庭给予补助和适度优惠，对一些私立学前教育机构给予适度经济补贴。文献侧重事实陈述，事实背后的缘由解释不足。

以上文献侧重于数据、具体情况的呈现，几乎未深刻揭示背后缘由。

2.推行学前教育资助政策

首先，政策聚焦点是处境不利儿童的补偿教育，根据年龄特点分别确立在园（校）学习时间，如印度的ICDS计划在园时间是3小时；而英国的Sure Start项目是每天2.5小时，共1年。[7]荷兰的CAPABEL计划对"发展迟滞"儿童提前补习相关内容，旨在降低辍学率、减少学业失败者。

其次，政策关注点在于幼儿营养保健，如"享受补助金的家庭，午餐免费"，[8]营养干预目标正发生变化，即早期的免费午餐原来侧重解决因食品短

---

[1] 陈俊，赵善江.韩国教育政策频出 密集改革[J].上海教育，2013（11）：21.

[2] 金晓丹.韩国公费学前教育政策改革与启示[J].集美大学学报，2021（4）：56-57.

[3] 周兢.国际学前教育政策比较研究[M].上海：华东师范大学出版社，2012：33.

[4] 张文芳.俄罗斯学前教育主要特征及对我国的启示[J].陕西学前师范学院学报，2020（8）：4.

[5] 刘彬彬.俄罗斯学前教育简况.基础教育参考[J].2011（8）：29.

[6] 王艳艳，张丽.近年来俄罗斯学前教育发展的现状、问题及改革措施[J].比较研究，2015（3）：97.

[7] 周兢.国际学前教育政策比较研究[M].上海：华东师范大学出版社，2012：180-181.

[8] Korintus, & Marta. Early childhood education and care in hungary: challenges and recent developments. International Journal of Child Care and Education Policy [EB/OL].2008，2（2）：43-52. https：//doi.org/10.1007/2288-6729-2-2-43.

缺、饥馑肆虐而导致的营养不良，现在其干预目标指向因膳食结构失调、营养成分比例失衡而出现的营养过剩或营养不良。

再次，政策聚光灯集中于资助私立幼儿教师和私立保教机构。韩国自2006年开始执行"薪金基本补助金"[1]政策，已补贴2000名乡村私立幼儿骨干教师，以改善其工作条件为旨归，2007年政府计划资助11300名乡村私立骨干幼儿教师。至于资助私立保教机构，韩国于2006年开始尝试构建基本补助金扶持体系，旨在促进公私立保教机构办学条件均等，未来二者竞争条件更加公平。为了完善这项政策，2007年政府从服务质量、收费标准、教师待遇与工作条件三个方面予以评估，评估合格后方可继续推行该项政策。新加坡政府每年都要提供公共财政对具备相应资质的民办幼儿园教师予以工资补贴和其他方面的资助，以"吸引和稳定"优质师资队伍。

最后，政策目标延伸至资助家长（家庭），而资助家长（家庭）（包括孕妇、哺乳期的母亲）内涵包括家长教育、成人教育、家长服务[2]、学前教育券、拉吉夫·甘地国家托儿所计划。[3]家长教育旨在通过相关育儿课程的学习，增进"母亲自身力量和潜能"，提升其作为"家庭教育者的自我意识"[4]，"重塑家长的自我效能感"[5]，提高其育儿水准，改善家庭生活质量；同时构建"楼群社区"，分享信息、共享资源，降低孤独感，创建交流平台，提升社会和谐度。成人教育是指针对家长低学历、低就业率的处境，采取相应的文化补习教育，进而加强学历补偿教育和就业能力的提升。家长服务是指对一些困境家庭支持很少，采取一些国家计划来给予他们精准帮扶，诸如

---

[1] Rhee, & Ock. Childcare policy in korea: current status and major issues. International Journal of Child Care and Education Policy [EB/OL].2007, 1（1）: 59-72. https://link.springer.com/article/10.1007/2288-6729-1-1-59#citeas

[2] 周兢.国际学前教育政策比较研究[M].上海：华东师范大学出版社，2012：184.

[3] 霍力岩.美、英、日、印四国学前教育体制的比较研究（下）[M].北京：北京师范大学出版社，2013：482.

[4] [瑞典]T.胡森,[德]T.N.波思尔斯特,[美]L.G.卡茨.教育大百科全书.学前教育[M].刘焱,译审.重庆：西南师范大学出版社，2011：53.

[5] 柳倩.国际处境不利学前儿童政策研究[M].上海：华东师范大学出版社，2012：136.

英国的"确保开端计划"中的住房咨询、法律服务等。学前教育券是政府运用公共财政提供的一种教育凭证，世界上先后使用学前教育券的国家有巴西、俄罗斯、美国、韩国、英国等。[1]美国的学前教育券旨在增加低收入家庭幼儿入园的选择权。发行学前教育券的地区均是公立教育质量较差的区域。拉吉夫·甘地国家托儿所计划旨在为职场母亲提供保育服务，便于她们安心就业，促进社会经济发展。该研究存在诸多不足：政策文本解读与政策运行结合度不高，尤其对运行中暴露的问题反省力度、深度不够；对"家长教育热"异议的缘由解剖不够深入；对家长教育有效性缺乏跟踪研究等。

3.实施严格的保、教育准入政策

匈牙利幼儿教育体系相对独立，保育、教育分别隶属于社会事业和劳动部、教育文化部管理。托儿所的保育员、幼儿园的教师必须具备一定的工作经历和资质，"2006年90%以上的托儿所和幼儿园从业人员合格达标"。[2]类似于匈牙利的管理体制，日本托儿所的护士和幼儿园的教师必须具备相应的资质才能上岗。尤其是幼儿教师选拔非常严格，国立、公立、私立机构幼儿教师都必须具备相应的资格。目前大多幼儿教师具有大学学历，[3]且要参加足够学时的业务学习，专业知识考试合格、身体检查合格后才具备入职资格。新加坡幼儿教师经过9或10年正规学习后，必须经过5门文化课考试合格，达到最低标准的幼教专业资质才能入职。墨西哥确立选拔教师标准，建立教师选拔机制，教师候选人须高中毕业，且须参加严格考试。朝鲜对即将获得教师资格的师范院校毕业生要进行三种考试：实习前的实习能力评定考试、毕业前的毕业考试、全国性的教师资格考试，[4]三种考试均合格者才具

---

[1] 徐雨虹.新制度经济学视野下的我国学前教育投资制度研究[D].上海：华东师范大学，2007：114-126.

[2] Korintus, & Marta. Early childhood education and care in hungary: challenges and recent developments. International Journal of Child Care and Education Policy [EB/OL].2008，2（2）：43-52. https：//doi.org/10.1007/2288-6729-2-2-43

[3] 霍力岩.美、英、日、印四国学前教育体制的比较研究（下）[M].北京：北京师范大学出版社，2013：419.

[4] 周采.比较学前教育[M].北京：人民教育出版社，2010：234.

备教师资格。对在职教师进行两种考试：晋级考试和原级考试。晋级考试获得最高级资格教师———一级教师资格；维持原级考试合格者才能继续担任原有教育教学工作，否则作降级处理。加拿大对幼儿教师要求最严格，须要接受四年高等教育，不过不限于学前教育专业。可见保、教育从业人员须具备一定资质方可执业，入职难度较大。

新加坡托儿所由社会部颁发许可证，还须接受相应法律监管；幼儿园由教育部注册登记，且须接受教育法监管。幼儿园注册登记须具备以下条件：办学设施设备符合国家健康、安全标准；课程教学符合幼儿成长规律；校长、教师须达到最低学历标准、且具备从业资质；幼儿园内部须建立健全相应的监管制度。匈牙利1993年颁布了《教育法》，1997年颁布了《儿童保护法》，对托儿所、幼儿园制定了从业人员入职的最低标准，实行许可证制度。研究侧重对政策文本内容做浅表呈现，未具体、深刻、全面地展示政策的运行过程，以至未深刻、全面地揭示政策运行的诸多特点、问题，尤其是未揭示出一些政策运行问题的背后原因。

4.制定并执行教师培训政策

新加坡"每年用于教育的支出约占社会发展总开支的一半，约占GDP的3%"[①]，2001年政府制定了一套保育员、教师的共同培训体系，而培训又分为入职培训、资质培训，对园长培训内容、学时做出了刚性规定：双学历培训1200学时[②]、专业培训700学时、园务管理500学时。同时严格规定：2006年1月前，25%教师须持有幼儿教育专业文凭，所有教师至少须参加从业资质培训。对于那些一直不愿就业而渴望在职培训者，政府一直满足其愿望。由于培训任务重，一些民办培训机构参与其中，因培训管理、培训形式相异而导致潜在的培训质量问题，政府及时发现并予以纠正。师资培训旨在不仅增

---

① Tan，C. T. Enhancing the quality of kindergarten education in singapore: policies and strategies in the 21st century. International Journal of Child Care and Education Policy [EB/OL].2017，11（1）：7. https://link.springer.com/article/10.1186/s40723-017-0033-y

② Ting, & Ching, T. Policy developments in pre-school education in singapore: a focus on the key reforms of kindergarten education. International Journal of Child Care and Education Policy，[EB/OL]，2007，1（1），35-43.

加培训机会，更重要的是提升培训质量，所以新加坡政府对培训课程内容、培训者资质、培训设施等进行科学评估。挪威为应对幼师短缺的残酷现实，注重教学实践环节培养，严格规定幼师入职者4年学习工作经历中，至少有一半幼儿园工作经历。日本高度重视幼儿教师在职培训，建立了一套严格、科学的培训制度，且以《地方公务员法》《教育公务员特例法》加以保障，始终给幼儿教师灌输一种思想：在职进修是教师的一种权利，也是教师的应尽义务。进修方式有脱产、在职，进修分为学历教育、非学历教育等，便于教师自由选择。巴西高度重视在职教师培训，培训形式有：集中面授与远程教育，个体自学与团体研讨，理论讲解与实践操作，尤其注重无资格幼儿教师的专业培训。墨西哥以"基础教育教师持续教育项目"推动在职幼儿教师培训，且让全体幼儿教师认识到，在职培训是教师的权利和义务。该研究政策文本解读不够清晰，典型政策运行案例解剖也不够具体、全面、深刻，尤其是政策运行中暴露的问题展现不足，理论阐释深度不够，对于政策完善未发挥其理论功力。

5.实施科学的质量评估政策

新加坡2003年教育部开发并推出一种自我评价工具，名曰"追求卓越的幼儿园"，旨在鼓励幼儿园自我评价，评价工具成为质量评定量表（QRS）的前身。2011年教育部建立了一套通用的质量认证体系，以评估和认定保育中心、幼儿园的服务质量，认证体系侧重于"领导艺术、工作计划、日常管理、资源配置、课程设置、教学设计、安全保障"[1]等维度的评估。韩国2008年在过去试点的基础上全面展开评估认定，为了调动保育中心、幼儿园参评的积极性，将评估结果与基本补助金体系、教师工资直接挂钩。日本自2009年开始推行强制性内部评估、外部评估，尤其重视外部的"客观评估和

---

[1] Tan, C. T. Enhancing the quality of kindergarten education in singapore: policies and strategies in the 21st century. International Journal of Child Care and Education Policy [EB/OL].2017：11（1），7. https://link.springer.com/article/10.1186/s40723-017-0033-y

书面材料",①民办幼儿园未被纳入第三方评估体系。挪威2005年教育科研部下拨"6000万挪威克朗"②,旨在专门研究幼儿园的评价标准。美国21世纪初期颁布了旨在根除代际贫穷,并提高幼儿阅读、写作、数学领域学业成绩的一系列学前教育政策,如光明的开端计划、阿博特学校项目、军队幼儿保育项目等均建立了一套科学、严格、完善、全面的评估体系,通过不断检测项目进程、自我评估、对干预因素时时跟踪分析,以促进幼儿健康发展。研究侧重于政策文本的简单言说,政策出台背景、政策文本具体内涵解说稍欠清晰;且政策运行问题呈现不够,未对这些问题背后的深刻缘由、解决路径等进行论述。

上述免费政策、资助政策旨在通过经济手段,促进幼儿入园机会均等,追求起点公平;准入政策、培训政策、评估政策均是保证学前教育普惠政策质量的有效手段,更是普惠政策质量保障的关键举措。可见以上各国不仅重视学前教育政策"惠"的"量"的普及,更高度关注其"惠"的"质"的提升。

(三)国内外文献评述

上述提及的中外文献,均是研究者立足于自己的研究立场、理论素养、生活阅历等,运用研究手段对研究对象从实践到理论的一次思想的升华,是研究者思维成果的呈现。当然,以上文献中尽管研究者对学前教育相关政策均做了一定程度的探讨,但它仅代表一定阶段的科研成果,不可能穷尽所有问题,也许还存在诸多不足,现具体评述如下:

1.政策运行目标

政策运行目标中关于运行背景、进程、成效、存在的问题的论述较多,且多是阶段性目标,多聚焦于完成资金的预算额度、办园条件的改善、教师

---

① Rhee, & Ock. Childcare policy in korea: current status and major issues. International Journal of Child Care and Education Policy [EB/OL].2007, 1 (1): 59-72. https://link.springer.com/article/10.1007/2288-6729-1-1-59#citeas

② 周采.比较学前教育[M].北京:人民教育出版社,2010:174.

资助、幼儿补偿，或政策惠及对象的不断拓展、服务内容的不断延伸，如"开端计划""确保开端计划"等，关于政策运行长期追踪调查较少，有些结论也许值得商榷。

2.政策运行环境

政策诞生于某一特定时期，以社会环境为背景，必定深受社会环境的影响。对政策运行环境的分析侧重于社会环境的影响，表征为政策内容调整、运行方式的改变、运行目标的变更、政策效益或隐或显地呈现等。

3.政策运行时间、地域

政策运行时间不确定，短期几个月，长期几十年；政策运行地域小到乡村或一个幼儿园，大到一个地区或国家。对其研究旨在揭示政策运行的区域性、独特性、政策成长的周期性、问题的艰巨性；同时也道出这些地区或国家对此类问题持续高度关注，上升至国家战略高度予以实施。

4.政策运行模式

政策运行模式即采用一定手段推进政策正常运转。现实中政策运行模式很多，多是立足于当地的情况，具有浓郁的地域特色；同时对其研究多侧重于政策模式内涵解读、操作程序的叙说、问题的呈现，政策运行一定周期后总结反思大多停留于经验层面，未上升到一定的理论高度。

5.政策运行质量

政策根据运行时间分为短期政策与长期政策，提高短期政策运行质量在于实地调研，反馈信息，为政策调整提供有益思考；而提高长期政策运行质量基于国家具备完善的质量监测体系、强大的研究团队、长期跟踪研究、雄厚的财力保障，为政策不断调整、增强政策适应性、释放最佳的社会效益奠定了坚实的基础；其政策运行过程也是政策运行质量不断凸显、不断提升、不断优化的过程。

综上所述，无论是国内还是国外文献均代表着一定阶段的思维成果，由于主客观条件限制，已有研究不可能穷尽所有问题，留下了诸多值得继续探寻的空间。文章虽用图表呈现一些官方数据，旨在增加研究者推论的依据，阐明观点的立足点，增强其说服力；或是经验的归纳总结、提炼；或面面俱到的论述，这样从文本到文本的研究难以发现真正的问题。同时文献采用演绎推论来分析资料，多采用问卷、访谈、查阅文献等方式来搜集资料。但因研究时间比较短暂，对研究相关资料未能反复核实，对研究对象未能长期跟踪观察、记录，仅靠短时间收集的一些资料作为参考数据，信息的效度、信度还值得思考。由于"潜水"深度不够，多属于停留于表层探讨的文献。对政策运行"面"下的情境可能揭示不够，对于生活中真正的问题也许未发现，因此难以揭示真正的问题并达到解决问题的目的。更重要的是这些文献未尝试用民族志这种研究方法来探寻政策在一个具体区域运行的具体状态，那么已有研究的不足，给本研究打开了一扇探索的窗户，启迪笔者进一步思考。所以笔者将对普惠性民办幼儿园政策在S省P县的具体运行状态，尝试用民族志这种研究方法来探寻政策运行"面"上"面"下的情境，尤其是"面"下的别样情境，全方位地展现普惠性民办幼儿园政策在S省P县运行的"全景图"。这幅"全景图"的"分辨率、清晰度"也许会更高，利于进一步揭示普惠性民办幼儿园的生长周期、成长规律。

第二节 研究区域与研究方法

一、研究区域的确立

普惠性民办幼儿园政策是一个政策组合，即包括2010年11月21日国务院发布的《关于当前发展学前教育的若干意见》（国发〔2010〕41号）以及后来国家层面相继出台了一系列旨在促进普惠性民办幼儿园健康发展的政策，这些政策主要包括：普惠性民办幼儿园园长及教师培训政策、普惠性民办幼儿园奖补资金政策、"三儿资助"（残疾儿童、孤儿、家庭经济困难儿童）政策等。

笔者选取S省P县作为研究具体区域，因其集中了我国"老、少、边、穷"地域的一些特点，具有一定的典型性、代表性，具体分述于后。

政治方面：P县是革命老区，1929年6月29日，江防军第七混成旅代旅长KJX率部在DSQ乡NJ沟起义，成立SC工农红军第一路军，最后攻克P县县城，建立了SC第一个红色政权——P县苏维埃政府。中共地下党组织在P县境内开展工运、农运、兵运、抗丁、抗粮、抗日救亡等一系列革命活动。解放前夜，中共地下党又组织武工队、游击队开展武装斗争，迎接P县解放。[①]无数先烈为了P县乃至全省全国的解放事业献出了他们宝贵的生命，他们将永垂青史，激励后人不断前行。

P县又被确定为扩权强县试点县，政治上被赋予了一些特殊权利，可以享用国家、省、市赋予的一些优惠政策，获得一些政治利益、社会福利。

经济方面：P县是国家级贫困县、人口大县，"总量小、人均低、基础弱、欠发达"的基本县情仍未根本改变，土地资源短缺，人均耕地仅0.6亩，低于全国、全省平均水平。水资源人均仅为全省平均水平的1/12，经济发展所需的资金、技术、人才等高端要素保障能力严重不足。缺少大型龙头企业引导，产业自我积累、自我发展的能力不强，如期脱贫任务重、难度大，[②]财政主要靠转移支付。但同时P县又是传统的农业大县，农业在本县经济中的比重较高，已经被国家、省、市确定为农产品主产区、国家农业示范区、农村融资体制改革试点县。P县县委、县政府正利用这些政策利好，积极争取上级更多的政策扶持，为本县社会经济健康、持续发展创造更多的机遇。

教育方面："PX学宫其来已久。……宋绍兴间曾费直上章，始建祠于P。祥符十七年以旧基狭隘，徙于县北跪象山阿，……至元甲午，邑令PRZ始创大成殿，两庑、戟门、并棂星门，厥后遭兵燹而文庙幸存。故明宣德丁未，邑令LCG重新之。成化辛丑，邑令LF重建棂星门，教谕ZY有碑记其事。嘉庆四十五年，邑令ZXF重新，又建尊经阁，NC张中丞鉴并督学吏HZ，皆有碑记。万历乙酉，邑令WLM置学田数十亩，以赡贫士，NC杨给谏文举碑记之。"[③]可见，P县人民素来深谙"化民成俗、其必由学"的道理，自古以

[①] P县志编纂委员会办公室.P县志.序一[M].成都：四川辞书出版社，1995：1.
[②] P县人民政府.P县国民经济和社会发展第十三个五年计划纲要（2016—2020），2016：7-10.
[③] P县志编纂委员会办公室.P县志[M].成都：四川辞书出版社，1985：197.

来，耕读传家、兴学育才、尊师重教蔚然成风。

而今，P县时刻践行"科教兴县、人才强县"理念，"加快普及学前教育，积极发展公办幼儿园，大力扶持民办幼儿园，扩大普惠性幼儿园资源，到2020年，幼儿园建设基本实现标准化。"[①]可见，P县县委、县政府正努力夯实基础教育，调整教育资源布局，促进县域内教育均衡发展。

文化方面：P县山川秀丽、历史悠久、人杰地灵，创造了灿烂的文化，县域内诸多名胜古迹至今保存完好，"LJF寺及白塔集唐、宋、元、明、清五代建筑于一体，载入《中国建筑史》。汉代陶俑、禽、兽及砖瓦；明清瓦、花瓶皆存于世；BF寺壁画被称为'蜀中明代壁画之代表作''不可多得的绘画艺术珍品'，ZD元帅有'BF仙画、十足当之'的题词。"[②]古代艺术品诸如雕塑、玉器、钱币、武器等，近代的一些手工艺品，现代红色文化的一些历史文物在P县均有收藏。可见自古至今生活于县域内的人们创造了他们灿烂、辉煌的文化。

如今，P县凭借"独特的书法、宗教、红色文化，以及丰富的生态自然景观和特色旅游资源，以中国书法城为统领，将CC湖、BF寺、GF山、H海、GD庙连片规划，确立'PX湿地'概念，分板块、分组团按规划实施"。[③]由此观之，P县县委、县政府正致力于打造文化旅游品牌，加快发展现代服务业。

正是这样一个贫穷而典型的革命老区，引起了党、国家、省、市相关部门及领导的高度重视，先后出台了一系列优惠政策。正是在这些扶持政策的引领下，P县社会经济飞速发展，其间也积累了一定的实践创新经验，具有一定的示范作用和推广价值。笔者选择P县这个特殊而又普通的地域空间来展示普惠性民办幼儿园成长的具体情景，是因其独特的历史传统、自然环境、政策生态等诸多因素制约而形成了P县特有的社会文化。从这个意义上讲，P县又是普通的，因各地都有自己与众不同的社会文化。这种"同"和

---

① P县人民政府.P县国民经济和社会发展第十三个五年计划纲要（2016—2020），2016：50.
② P县志编纂委员会办公室.P县志[M].成都：四川辞书出版社，1995：6.
③ P县人民政府.P县国民经济和社会发展第十三个五年计划纲要（2016—2020），2016：26..

"异"的并存，也就是笔者选择P县作为研究样本的意义所在。

二、研究方法的选择

研究方法取决于研究对象和问题的性质，本研究对象为普惠性民办幼儿园演进历程的具体状态，同时为了研究方便和深入，又确立了S省P县这个具体的地域空间。本研究的问题是S省P县普惠性民办幼儿园演进历程及其背后缘由。普惠性民办幼儿园政策是一个政策组合，主要包括幼师培训政策、奖补资金政策、幼儿资助政策，不同政策内涵必定由不同政策主体来具体实施，政策运行既有自上而下的科层制实施路径，也有部门间横向推进路径。每一项具体政策分别由不同职能部门组织实施，且具体操作由极少数政策运行主体具体实施。不同运行主体，其政策领悟水平、政策理念、道德水平、价值取向、生活环境、成长经历等往往不同，自然影响政策的运行进度、运行效益。要深入探寻普惠性民办幼儿园演进历程及其深刻缘由，宜选取民族志作为研究方法，将政策文本作为一种文献资料，将当事人的口述史作为一种补充资料，二者互补互证，深刻揭示普惠性民办幼儿园成长的历史缘由和现实困境。

民族志最初是人类学家开展研究的主要工作方式，人类学家"身"入落后社会部落，通过记录该部落人们的言行来反观人类社会进化历程。民族志（ethnography），又称人种学或人种志，它是研究者深入被研究对象生活空间的主要研究工具，通过深度访谈、参与观察等来记录他们的言行，透过他们原生态的言行来反观其背后的文化。民族志是基于田野调查的一种研究方法，通过田野调查来搜集资料、阐释资料。研究者需尽量对资料的意义保持中立立场。民族志最突出的特点就是"全文复制"，即非常详细地记录每一个场景或事件，其目的是让研究者与读者一起加深对相关情境的深刻理解。民族志不仅是一种研究手段，还是一种成果呈现方式；同时它是一种从"浅描"到"深描"的过程，因而其文本具有浓厚的文学色彩，但它不仅满足文学的描述，更重要的是最后还要对文本进行理论解读和提炼。

笔者以S省P县作为研究样本，因P县是一个典型的农业大县、人口大县，又是国家级贫困县、革命老区，还具有全国"老、少、边、穷"地区的一些共同特征，引起了党和国家领导人的高度重视，国家先后出台了一系列旨在促进本地经济、社会健康发展的相关政策。

理想型政策运行是指政策主体按照政策文本的内容，根据当地实际情况创造性地加以实施，产生最佳的社会效益和经济效益。S省P县现实型政策运行则呈现出别样的情景。由于政策文本内容的模糊性，加之政策主体也许存在理论修养不高、政策理解能力不强、对当地实际情况研究不够的情况，导致政策运行中存在诸多问题。理想型政策运行与现实型政策运行之间存在着巨大的落差，要揭示这落差背后的深刻缘由，尤其是通过政策主体与政策客体之间的互动，透过他们外在的生活方式、行为方式去反映其背后的价值观念、价值选择，民族志也许是一种较恰当的研究方法。

笔者访问了S省P县人民政府主管文教卫生科技的副县长、教育局局长、教育局主管教育教学的副局长、教育局教育股股长、职教成教股（含幼教）股长、计财股股长、办公室主任、人事股股长、资料室负责人及其他相关人员，县城CC镇两所公办幼儿园园长，全县九大片区有代表性的普惠性民办幼儿园园长，九个教育督导组组长，民办幼儿教学点负责人，县师培中心主任，县财政局教科文股长，县发改局局长，县民政局局长，县档案局工作人员等，对相关问题多次询问，反复核实；同时也就相关问题多次访问了公办幼儿园部分教师、普惠性民办幼儿园个别教师、民办幼儿教学点极个别教师、部分家长等，不断调查、核实有关信息，尽量做到客观、真实、准确。

第三节 核心概念界定

一、普惠性

"普惠性"这个词来源于外贸领域,后来引入金融领域,2010年我国始用于教育领域。普惠性主要内涵是"普遍惠及、人人享有,核心属性是高包容性、非竞争性、非排他性"。[①]不过,既然"普惠性"的内涵是"普遍惠及、人人享有",那么"高包容性"可能不够准确,也许"全纳性"要准确些。研究者指出了普惠性的内涵、属性,论述也许有待完善。

鉴于上述研究,本书所说的"普惠性"是指服务或服务产品惠及所有对象,即普遍施与,人人享受。判断事物是否具有普惠性,大致有三个标准:无歧视性、非互惠性、非排他性。学前教育普惠性是指国家与幼儿园通过契约关系提供一种惠及每一位适龄儿童的学前教育服务。

二、普惠性民办幼儿园

(一)政策文本的界定

2010年11月21日,国务院发布的《关于当前发展学前教育的若干意见》(国发〔2010〕41号),它将"普惠性民办幼儿园"界定为"面向大众、收费合理的民办幼儿园"。这里对招生对象、收费标准做出了规定。

[①] 王海英.从特权福利到公民权利:解读《国务院关于当前发展学前教育的若干意见》中的普惠性原则[J].幼儿教育(教育科学),2011(1-2):8.

S省教育厅、S省财政厅、S省发展和改革委员会于2015年10月8日联合颁布的《关于普惠性民办幼儿园认定工作的指导意见》（C教〔2015〕79号）对普惠性民办幼儿园明确阐释为："办园资质合格、面向大众、办园规范、收费合理、质量较好的民办幼儿园。"这里对其资质、招生、收费、质量等均做出了要求，不过个别用语较为模糊，给基层留下了更多政策文本阐释、政策实践创新的空间。

H省《关于开展普惠性民办幼儿园建设和认定工作的通知》对普惠性民办幼儿园解读为："得到当地政府支持，幼儿园建设水平达标，收费合理，面向社区提供基本的学前教育服务的民办幼儿园。"该文件指出了几个基本要素：政府资助、办园水平、招生对象、收费及质量规定。值得商榷的是，定义中招生范围"社区"较狭窄。

（二）学者的理论探讨

普惠型民办幼儿园即由个人举办的幼儿园。[①]该定义较为简单，仅仅指明了办园主体是公民个体，忽视了公民团体。

普惠性民办幼儿园指"具有办园资质，接受政府补贴，面向大众，收费较低，办园规范，提供公益性、普惠性服务的依法设立的民办幼儿园"。[②]定义看似内容全面，指出了普惠性民办园的一些属性，但不够精练、准确。

普惠性民办幼儿园指"受政府资助或委托提供学前教育服务，不以营利为目的，面向大众、办园规范、收费合理、有质量保证的民办幼儿园"。[③]该定义突出了这一概念的一些核心要素，诸如办园动机、质量要求等。

以上研究明确了该概念的一些特征，但对概念界定不够全面、准确。

综合已有研究，本书"普惠性民办幼儿园"是指享受政府资助并接受政府管理，面向大众，收费合理、有质量保障的依法设立的民办幼儿园。普惠

[①] 叶圣军.三地政府购买服务民办园教育服务政策的对比与思考[J].陕西学前师范学院学报，2015（4）：65.

[②] 刘培英.谈如何扩大普惠性学前教育资源：以广东省广州市为例[J].教育导刊，2014（10）：76.

[③] 王海英.普惠性民办园扶持政策不能回避三问[N].中国教育报，2015-10-11.

性民办幼儿园是中国语境的特殊产物，本身"普惠性"与"民办幼儿园"内涵相悖，即从理论上讲，"民办幼儿园"不可能提供普惠性服务或者普惠性产品，而提供普惠性服务或普惠性产品的应是政府或非营利组织。在中国特有的社会背景下诞生了这一时代产物具有鲜明的时代特征，富有本土气息。

第四节　书稿框架

　　全书共分五章。第一章为普惠性民办幼儿园政策运行研究述评。首先概述研究缘由，回顾研究文献；其次确定研究区域，遴选研究方法；最后界定概念，勾勒研究过程，简述书稿框架。

　　第二章介绍了普惠性民办幼儿园政策运行的具体情景，首先归纳政策特征；其次勾勒P县社会发展概貌，概述其教育变迁历程，描摹学前教育发展现状；最后呈现普惠性民办幼儿园政策具体运行样态。

　　第三章为普惠性民办幼儿园政策运行现状的影响因素分析，分别从政策运行主体、政策运行客体进行分析，政策运行主体分别从主体的认知水平、认同度、行为方式进行剖析；政策客体即政策文本，分别解析幼师培训政策、奖补资金政策、幼儿资助政策的影响因素。

　　第四章为普惠性民办幼儿园政策运行的机制建构分析，分别从政策运行主体、政策运行客体进行论述，即优化政策运行主体行为，提升政策运行客体质量。

　　第五章介绍了普惠性民办幼儿园政策运行特征，先归纳普惠性民办幼儿园政策运行特征，再分别从幼师培训政策运行、奖补资金政策运行、资助政策运行三个方面具体梳理、归纳。

　　本书稿所引用的政策文本、当事人口述资料为了与文章其他部分区别，一律用仿宋体字体以示区别。另外，文中地名、人名一律用汉语拼音大写首字母代替，如赤诚镇幼儿园（化名）即CC镇幼儿园，对读者阅读带来的不便在此深表歉意！

本章小结

本章为普惠性民办幼儿园政策运行研究述评。首先，简介研究缘起、回顾研究文献；其次，确立田野考察点，再根据研究问题、研究对象、研究者技术条件等因素遴选研究方法；再次，对题目中的核心概念进行界定；最后交代整个研究过程、书稿框架，附带交代书稿体例。

第二章
普惠性民办幼儿园政策运行的具体情景

在展示P县普惠性民办幼儿园政策运行的生动图景前,我们首先梳理、总结普惠性民办幼儿园政策特征。我们只有深入了解政策本身的特征,才能更全面、透彻地理解政策运行样态,解读政策运行样态的缘由,提炼政策运行的特征。

第一节 普惠性民办幼儿园政策特征解读
——普惠性民办幼儿园政策:在时代变革中逐渐成长

普惠性民办幼儿园政策自诞生以来,随着社会的发展而不断演变,不断成长,具体从以下三个方面简述:

一、幼师培训政策：项目推动，分类实施

如果幼师观念不改变，如何引领儿童正常发展和健康成长呢？所以必须加强幼师培训工作。从事幼师职业本身就是一个不断学习的过程，身为幼师理应具有自觉的终身学习理念，"加紧学习，抓住中心，宁精勿杂，宁专勿多"；[①]同时要真正提高教师水平，更"要请一些好的教师当教师的教师，……要把师资培训列入规划，列入任务"。[②]

为了提高管理绩效，2011年开始教育部对幼师培训实行项目制管理，项目名目繁多，诸如县级幼师培训机构培训者远程培训项目、置换脱产研修和远程培训项目、中西部项目、幼师国培项目。2016年S省教育厅将"国培计划"中西部项目和幼师国培项目进行公开招投标，该举旨在打破官方培训机构垄断培训市场的局面，从此幼师培训走向市场，这样激发了幼师培训市场活力，有利于提升培训质量。

2015年6月1日国务院办公厅出台了《乡村教师支持计划（2015—2020年）》。为了尽快落实这一计划，2018年教育部将原来的"国培计划"中西部项目和幼师国培项目中的"教师培训团队研修项目"调整为"乡村教师培训团队研修项目"，旨在补短板、夯基础。同时开始增设"国培计划"示范性项目，该项目分解为培训团队高级研修项目、名师领航研修项目、紧缺领域教师培训项目、骨干校园长培训项目、网络研修创新项目；其示范性表征为培训对象、培训方式、肩负的任务等。

其中"幼师国培项目"中对教师的培训分为骨干教师、转岗教师、特岗教师、新任教师、乡村教师、教学点教师等，分类标准为教师外在标识、工作地点，类别划分较为精细，管理成本较高。

以上这些项目从本质上看，是以提升管理绩效为宗旨，以遴选最佳施训者、受训者来凸显培训针对性、实效性，以项目为载体来推动实施，利于从

[①] 周恩来.周恩来选集（上卷）[M].北京：人民出版社，1980：125.
[②] 邓小平.邓小平文集（第2卷）[M].北京：人民出版社，1983：55.

人员、经费、质量监测等方面进行专项管理、突出培训效益。

二、奖补资金政策："奖""补"内涵不清，界限模糊

国务院于2010年11月21日出台了《关于当前发展学前教育的若干意见》（国发〔2010〕41号），该文件指出：采取政府购买服务、减免租金、以奖代补、派驻公办教师等方式，引导和支持民办园提供普惠性服务。其中"以奖代补"对"奖""补"的政策依据未阐释。

财政部、教育部于2011年9月5日出台的《关于加大政府投入支持学前教育发展的通知》（财教〔2011〕405号），该文件指出：中央财政安排"扶持普惠性民办园发展奖补资金"，根据各地扶持普惠性、低收费民办园发展的工作实绩给予奖补，对"综合奖补类"和"幼儿资助类"项目，由各地先行组织实施，中央财政根据实施效果予以奖补。这里对"综合""奖补"未进行具体解读。

财政部、教育部于2015年7月1日出台的《关于印发<中央财政支持学前教育发展资金管理办法>的通知》（财教〔2015〕222号），该文件明确规定：学前教育发展资金分为两类：即"扩大资源"类项目资金和"幼儿资助"类项目资金。"扩大资源"类项目资金用于奖补支持地方多种渠道扩大普惠性学前教育资源。"扩大资源"类项目资金分配因素包括基础与绩效因素、投入与努力因素和改革与管理因素三类。文中"奖补"内涵仍然不清。

P县财政局、教育体育局于2015年5月6日联合下发《关于下达2014—2015年民办园奖补资金的通知》（P财教〔2015〕23号），该文件对资金来源明确界定为：2014年中央奖补资金43万元，省奖补资金25万元，2015年省奖补资金25万元。奖补资金分为三部分发放：等级奖，2014年考核奖，园舍租金、校舍维修改造、公用经费补助。

国家层面、S省层面尚未对"奖""补"内涵做明确、清晰的解读，直接给基层政策实践者留下了政策实践创新的空间。基层政策文本开发，很多时候也是"奖""补"并称，未对"奖""补"的对象、内涵做出较权威的界

定，资金分配时大致划分为："奖"内涵分为办园等级、年审等级，这是一种质量取向的激励举措，侧重于绩效的激励；"补"的内涵是硬件设施暂时不达标的给予补贴，这倾向于硬件帮扶，侧重于对未来的投资预期。

从以上政策文本的模糊表述到P县运行主体的实践探索中，笔者个人认为，"奖"是针对提供普惠性产品质量较好的给予奖励；"补"是针对提供具备国家规定质量标准的普惠性产品而暂时能力受限的予以补助。

国家层面、省级层面的"奖""补"只是一个指导性框架，不可能明细、具体化，这要求地方要紧贴地方土壤，进行政策文本开发、政策实践探索。但目前地方相关机构智慧发挥不足，"奖""补"内涵、适用对象未做出清晰界定和阐释。

当然，任何事物存在都有其存在的合理性。"奖""补"内涵不清，界限模糊，一方面考验相关机构智慧，另一方面引导政策对象模糊"奖""补"方向，淡化"奖""补"意识，也在一定程度上暗示了"奖""补"的诱惑力不强；同时一定程度上减少社会矛盾、避免了社会冲突。因"能力限度"是一个相对概念，对于某些举办者而言也许永远存在"能力限度"。再者降低管理成本，提高了行政管理效益。这是突破体制障碍实行"公民投资一体"的体现，即民办幼儿园的"利益表达结构"[①]、内部报酬结构的一次变革，这些"利益集团和利益表达渠道"[②]是当今政府需要整合普惠性学前教育资源来参与普惠性学前教育服务而组织和建立起来的。

三、幼儿资助政策："政治色彩浓厚"

任何一项政策作为政府输出的公共产品，必定带有一定的政治色彩，因

---

① [美]加布里埃尔·A.阿尔蒙德，小G.宾厄姆.鲍威尔.比较政治学：体系、过程和政策[M].曹沛霖，郑世平，公婷，陈峰译.上海：上海译文出版社，1987：229.

② 同上，228.

"公共政策的倾向就是对政治体系作为的选择，即对社会资源的提取和分配以及对行为管制的选择"。[①]资助政策与幼师培训政策、奖补资金政策相比较，它作为一项民生工程，"政策色彩"显得更为"浓厚"。因其政策对象是一个特殊群体，也是当今社会的弱势群体。

国务院于2010年11月21日出台的《关于当前发展学前教育的若干意见》（国发〔2010〕41号），该文件指出：建立学前教育资助制度，资助家庭经济困难儿童、孤儿和残疾儿童接受普惠性学前教育。该政策是为了应对"入园贵"的现实困境而诞生的，这也许是公众的行为直接影响了决策者的思考。它一方面是让幼儿通过接受经济资助而感受到社会的关爱；另一方面更是经济领域给幼儿提供了精神上的机会和潜力的表征。

教育部、国家发展改革委、财政部、人力资源社会保障部于2017年4月13日联合出台的《关于实施第三期学前教育行动计划的意见》（教基〔2017〕3号），它特别强调：进一步健全资助制度，确保建档立卡等家庭经济困难幼儿优先获得资助。它突出问题导向，抓住关键环节，采用"积极歧视"，"确保""优先"凸显其政治高度、政治站位和政策的性质。

这里是通过经济手段来增强幼儿的生活信心和生活技能，旨在人生早期阻断代际贫困，消除贫困文化，促进社会成员正常流动，减少社会排斥，提升社会整合度。同时，"一切群众的实际生活问题，都是我们应当注意的问题"[②]，"增进民生福祉是我们党立党为公、执政为民的本质要求"。[③]这是我们执政党"在改革和发展中不断改善民生"的执政宗旨的具体体现。

---

① [美]加布里埃尔·A.阿尔蒙德，小G.宾厄姆.鲍威.比较政治学：体系、过程和政策[M].曹沛霖，郑世平，公婷，陈峰译.上海：上海译文出版社，1987：50.
② 毛泽东.毛泽东选集（第1卷）[M].北京：人民出版社，1991：137.
③ 中央宣传部.习近平新时代中国特色社会主义思想学习问答[M].北京：人民出版社，2021：334.

第二节　P县的社会发展概况和教育变迁历程

在展示P县普惠性民办幼儿园成长的具体现状前，必须对P县的社会发展概貌做简要勾勒，对其教育变迁作简单梳理，为普惠性民办幼儿园政策在这样特殊而又普通的地域空间呈现出鲜活的运行状态提供具体的社会背景、政策生态环境。

一、P县的社会发展概况

"P县境，东晋永和十一年（355）始置B县，其后几经易名，并与邻县分合，于唐天宝元年（742）改T县为P县，县名沿用至今。"[①]P县1949年12月10日解放，翌年1月5日P县人民政府成立，隶属于当时的C行署S分区专员公署。1958—1968年先后隶属于S专区、M专区。1985年2月8日国务院批准将原来的M地区分为M、G、S 3个省辖市。而S市下辖市中区、S县、P县。P县县城自明代正德六年（1511）以来，一直设在CC镇。1985年末，P县下辖11个区、两个直辖镇、76个乡、5个乡级镇、9个乡级办事处。人口112万，汉族占99.9%。[②]

P县县域内地理分布呈现出"人"字形，东西相距95千米，南北相隔62.5千米，面积1 953.34平方千米。县城距离S省省会C市280千米，距离S市49千米，离N市50千米。[③]P县境内丘陵面积1 032.9平方千米，居全县总面积的52.9%；稍微平坦的坝子面积263.9平方千米，占全县总面积的16.5%；农

[①] P县志编纂委员会办公室.P县志[M].成都：四川辞书出版社，1995：56.

[②] 同上，1.

[③] 同上，60.

业耕地面积990 377亩，占全县总面积的33.8%。境内河流众多，河网密布，气候温和、雨量充足，适宜农作物生长。县域内土壤多土质贫瘠的黄色黏土、亚黏土、紫色石骨子土，这对一些作物生长可能存在不利因素。

P县与全国其他县（市）一样经历了各类政治风雨的洗礼，P县的社会变迁是全国社会变迁的反映，不过它具有一定的地域性。新中国成立后，P县县委、县政府在上级党委、政府领导下，开展清匪反霸、减租退押、土地改革、"三反""五反"、抗美援朝运动，截至1956年完成社会主义改造，全县实行按劳分配制度和生产资料公有制。"一五"期间工农业总产值年均递增4.6%；"二五"期间因极左思潮影响，工农业总产值年均递增3.9%；"三五""四五"期间，全县干部群众尽力排除"左"的干扰，始终坚持生产，工农业总产值年均递增3.8%和9.1%。[①]1949年后，P县唯有制盐、粮油加工、铁、木等手工业。十一届三中全会后，P县在开发本地资源基础上，初步建立起农产品加工、制盐、机械、化工、纺织等比较完备的工业体系。"1985年农业人均耕地降为0.94亩，农业总产值上升为35 445万斤，占工农业总产值的67.66%，总产量52 392万公斤，向国家提供商品粮4 422万公斤，棉花822.5万公斤，肥猪44万头。"[②]可见，P县充分发挥自身优势，以农业为基础，以工业为主导。

随着生活水平的提高、医疗卫生条件的逐步改善，P县人口数量不断增长，人口质量不断提升。"1985年人口总数为1 124 367人，出生人口为14 264人，自然增长率5.7‰。据1982年人口统计，全县大学毕业生842人，占总人口的0.08%，高中毕业生25 045人，占总人口的2.29%，初中毕业生164 353人，占总人口的15.09%，小学毕业生459 086人，占总人数的42.16%。"[③]可见受教育程度逐渐提高。不过基础教育的普及程度、教育质量的提升还任重道远。

---

① P县志编纂委员会办公室.P县志[M].成都：四川辞书出版社，1995：2.

② 同上，3.

③ 同上，135、139.

二、P县的教育变迁历程

P县历来有兴学重教的传统，兴学以教化民众、开启民智；重教以知书达理、修身养性、追求善德。早在清代就设有县学，即"P旧设教谕一员，训导一员。雍正二年（1724）裁训导员，拔管L县学。县学额取8名，廪生20名，增生20名，2年一贡，武童岁试额8名"。[1]书院是唐末诞生的一种集教学、研究于一体的民间教育机构，1575年邑令LJZ开始创办书院，后来1628年、1801年又有人创办书院，至1899年，P县书院已达16所。1896年冬，该县义学已达25所。1935年该县私塾106所，其中改良私塾66所；私塾招收学生2 978人，其中改良私塾招收学生1 920人；塾师118人，其中合格教师66人。新中国成立后所有私塾全被改造为公、民办小学。[2]

1931年P县开始创办幼稚园，1935年在园幼儿76人，其中男幼儿24人，1945年PL镇、XS乡相继创办幼稚园。1949年全县仅有公立幼儿园1所，学生30人，教师1人。新中国成立后，P县学前教育发展迅速，各地均根据自身条件开办幼儿园，为了让农妇安心从事农业生产，1956年农村开办各类幼儿园36所，42个班，教养员44人，在园幼儿1 485人。1958年受极左思潮影响，全县公、民办幼儿园达1 576所，在园幼儿45 491人，教职工1 662人。[3]因受教育"大跃进"思维影响，P县一时诞生了诸多办学条件不达标的幼儿园，后来对其整改。十一届三中全会后，P县学前教育走上了正轨，1985年全县幼儿园已达667所，在园幼儿20 311人，入园率86.5%，教职工857人。[4]

1904年P县开始创办高等小学堂，1905年正式招生，学生60人，实行资助政策。1911年该县已有高等小学堂5所、初等小学堂1所。1912年开始改高等小学堂为高等小学校。1921年后，县教育局拨专款以扶持初级小学发展。正是因政府的政策支持，1930年全县初级小学已发展为195所。1935年执行

---

[1] 同上，618.
[2] P县志编纂委员会办公室.P县志[M].成都：四川辞书出版社，1995：618.
[3] P县志编纂委员会办公室.P县志[M].成都：四川辞书出版社，1995：619.
[4] P县志编纂委员会办公室.P县志[M].成都：四川辞书出版社，1995：619.

教育部《短期义务教育实施办法大纲》，逐渐创办一年制小学，1936年短期小学已达40所。[1]

1949年以后，P县政府对当时教育机构进行整顿，将中心国民学校改为完全小学。为了尽快尽量满足广大民众求学的愿望，1952年县政府将民办小学全部改为公办小学。1958年，各类学校增至1 276所，其中民办小学770所，学生136 230人。[2]20世纪60年代初，鉴于当时过于理想的办学行为，优化教育结构、压缩招生规模。1963年为了落实"两条腿走路"的办学方针，迅速创办了大批就学方式灵活的耕读小学。1965年，全县耕读小学830个班，学生14 391人，毕业仅62人[3]。办学条件差、就学时间灵活而导致教学质量难以保证。1969年为了响应上级指示，县革委将MF、XY、SJ等一些公办小学的办学权下移到当地大队，教师身份变为农民，报酬即工分，最后与农民一起分享粮食。后来因遭遇抵制而未全面推开。1973年又恢复政府办学。至1976年各类公、民办小学935所，学生185 863所，入学率98.11%[4]，因办学条件太差，办学质量堪忧。

20世纪70年代末，P县积极贯彻"恢复、调整、充实、提高"的方针，努力改善办学条件，不断提升办学质量，确立"稳定、控制发展初中，普及小学"的办学思路，该年小学净增120个班，入学率达98.5%。[5]1985年，全县公、民办小学859所，学生170 410人，教职工6 147人。[6]

P县1924年开始在WC宫创办县办初级中学（今P县高级中学校），当年秋季考试招生，开设一个班，招生仅限于男生。1930年在HX书院基础上创办县立女子初级中学，1935年该校并入县立初级中学，改称女生部。1944年该校女生部改称县立女子初级中学，每年仅开设一个班。1939年秋，本县以LZH、LSX等为代表的15位进步人士在城东LW庙、ZT宫创办民办抗建中

---

[1] P县志编纂委员会办公室.P县志[M].成都：四川辞书出版社，1995：619.

[2] 同上，620.

[3] 同上，620.

[4] P县志编纂委员会办公室.P县志[M].成都：四川辞书出版社，1995：620.

[5] 同上，620.

[6] 同上，620.

学，仅开设两个班。1940年秋，以YZY、YTQ等为代表的本县人士自筹资费创办了县立初级中学PL分校。1944年，省政府批准将该分校改为P县第二初级中学（今PL中学），1948年开始招收女生，仅仅开设一个班，人数控制为40～50人。1944年县开始创办高级中学，每年仅开设一个班，这种招生规模、管理模式一直持续到1949年。

新中国成立后，P县人民政府对旧社会的一些教育机构进行整治，将原有的民办抗建中学、县立女子初级中学并入P县立中学，高中设6个班，学生150人；初中设12个班，学生382人，教师35人。[①]同年秋，PN初级农职中学并入RL初级中学，RL初级中学迁入原PN初级农职中学校址办学，至此全县中学4所，33个教学班，学生1 051人，教职工62人。1956年根据当时教育部的办学精神，分别将PX县中学、PL初中、CG初中统一命名为S省PX中学、S省PX第一初级中学、S省PX第二初级中学、S省PX第三初级中学，随后将四所初级中学分别命制为S省PX第四初级中学、S省PX第五初级中学、S省PX第六初级中学、S省PX第七初级中学。1959年PX第一初级中学被省政府批准为高级中学，开始招收高中学生。随后RL初级中学也开始相应招收少数高中生，WJ、DS、LS、MY四个公社也开始成立初级中学，CG、PL各自建有民中1所。至1960年，全县中学达415所，学生9 305人。[②]

1961—1962年对当时中学办学情况进行整顿，清退超龄学生（初中15周岁、民中17周岁以上）；裁减教师220人，其中民中教师212人；停办初中或高中，停办WJ、MY初中，RL初中学校停招高中学生；变革办学主体，DS、XS、HB三个公社的初中全部改为民中，后来又恢复公立中学。20世纪70年代初，一些小学办初中班144个，HB、XS等6所初中又开始办高中班，1973—1975年，先后恢复WJ、MY初中，新建MF、JX、JF3所初中。WJ、MF、JX、JF、MY5所初中又纷纷开始举办高中班。[③]可见当时教育政策反复无常，学校时办时停，既浪费了大量教育资源，也影响了学生、教师的正常生活、学习。

---

① P县志编纂委员会办公室.P县志[M].成都：四川辞书出版社，1995：623.

② 同上，623.

③ P县志编纂委员会办公室.P县志[M].成都：四川辞书出版社，1995：623.

1985年，全县单设初级中学39所，小学（含村小学）开办初中班78个，高级中学5所，招收高中学生的初级中学3所，学生数为1950年学生数的11倍。[①]

职业教育历史悠久。早在1935年ST、PX、ZJ三县联合举办SP中联立XS小学，该小学附设普通农业科职业班。1938年省政府批准将原SP中联立XS小学改为民办XS初级农业职业学校，1943年又将民办XS初级农业职业学校改为民办XS高级农业职业学校，该校一直到1949年才停办。

1939年在县城东街FZ庙创立县立城区棉织学校，翌年因实习工厂倒闭而并入县DXJ小学附属棉织班，1941年该小学改为县立初级中学附设棉织班。

新中国成立后，大力发展农业，县政府积极举办农业初级学校。1958年全县半耕半读学校多达97所，后来调整为49所，学生3 514人。20世纪80年代中期，为缓解众多考生高考压力，调整中等教育结构，首先将MY初级中学改为职业高中，在HB、SF初级中学，CC镇民办初中内增设职业高中班，开设农学、水果、蚕桑、畜牧、建筑、财会等专业。1985年全县职业高中班21个，学生1 151人，毕业生52人，教职工70人。[②]

今天，P县县委、县政府一班人正带领全县人民不断实现本县未来的规划目标，巩固基础教育成果，提升基础教育质量；加快普及学前教育步伐，夯实义务教育基础，推进县域内义务教育均衡发展；逐步普及高中阶段教育，深化职业教育改革，扩大职业教育规模；构建终身教育体系。

第三节　P县的学前教育发展现状

P县学前教育发展的现状首先以亲历者的一个个故事来展开，通过故事

[①] P县志编纂委员办公室.P县志[M].成都：四川辞书出版社，1995：624.

[②] P县志编纂委员办公室.P县志[M].成都：四川辞书出版社，1995：627.

的言说来向读者具体展示P县县域内目前学前教育发展的具体情况；在此基础上来通过亲历者的故事来解释其背后深刻的缘由，最后予以总结。

一、P县学前教育发展现状概述

教育局职教成教股（含幼教）股长YK：

全县独立建制公办幼儿园只有县城唯一两所，即CC镇CC幼儿园、JG幼儿园，且它们是目前我县唯一的两所省级示范公办幼儿园。9个片区所在地都是小学附属幼儿园，由于这些幼儿园一直没有独立的财政权、人事权，这些中心小学附属幼儿园至今没有专业幼师。其余21个乡镇小学附属幼儿园一样未独立出来，根本没有专业幼师。公办幼儿园建设、发展滞后，民办幼儿园反而发展迅速。

全县民办学校80所，其中民办幼儿园62所，在园幼儿8 754人。全县民办学校教职工696人，其中教师471人。民办学校教师学历多是中师（含中专），且这些教师从教时间最长的是20年以上。

教育局教育股股长YXH：

我县公办幼儿园一直发展缓慢，如现在县城5 200多人，两所公办幼儿园只能容纳1 000多人，还有4 000多人无法满足，必须修建几所公办幼儿园以满足更多的求学者的入园需求。

CC镇教育督导组主任HSQ：

我们S市下辖两区、三县，即A区、C区、D县、S县、P县。D县全县40多万人，4所公办幼儿园，我们P县70多万人，至今仍是2所公办幼儿园。由于城市化进程加快，一些村级、乡镇小学附属幼儿园生源逐渐萎缩，以至村级幼儿园逐渐解体，乡镇小学附属幼儿园艰难运转。而县城范围内3~5岁学龄儿童5 800多人，两所公办幼儿园吸纳幼儿人数翻番、超负荷运转，最多容纳全体适龄儿童的三分之一，余下的三分之二在民办幼儿园。我们公办幼儿园没起到主导作用，反而民办幼儿园"挑大梁"。

可见，P县当今学前教育发展呈现出"民盛公衰"的局面，公共学前教育资源严重短缺，尤其是优质公共学前教育资源更加缺乏。那么，造成这一现象背后的深刻缘由是什么呢？

（一）公共学前教育资源短缺的原因追溯

1.历史成因

教育局教育股QXR老师：

20世纪90年代全市（S市）公办幼儿园全面推向社会，人员分流，资产由乡镇接管，这些改制后的幼儿园自负盈亏，自我发展。当然各地主政者政治远见和政策预测分析能力各异，而采用政策实施方式不同，政策效益自然不同。

我们P县将各乡镇小学附属幼儿园全部推向市场，仅保存了县城两所公立幼儿园。这种市场化运作模式，结果造成我县学前教育公共资源的整体性损失。从整体上看，我县学前教育发展缺乏应有的基础，这就是我县学前教育发展滞后的根本原因。

S县恰恰相反，他们当时的县委、县政府领导决定，各乡镇小学附属幼儿园一律整体纳入当地小学统一管理，不推向市场。这样他们的学前教育一直发展得很好，没有受到当时改革冲击波的影响。

2.现实因素

（1）财力存在限度

财政局教科文股股长JM：

我们是国家级贫困县、革命老区、农业大县、人口大县，我们财政收入最多5个多亿，而支出要30多个亿，中央财政转移支付22多个亿。

可见财力非常受限，对于县域内公共服务能力与财力不匹配，县委、县政府也许压力较大。

（2）政绩考核、个人职务晋升导向作用

① 县域内学前教育投入一直不足

CC镇教育督导组主任HSQ：

S市A区已建了三所公办幼儿园，D县连续建了三所公办幼儿园。目前从全市基础教育发展趋势来看，P县基础教育发展至少滞后其他地区10年。这说明政府投入是关键。由于政府投入长期不足，致使县域内优质学前教育资源严重短缺，学前教育公益性难以凸显；大批适龄幼儿就学于众多质量良莠不齐的民办幼儿园。为了整合县域内学前教育资源，政府将一些民办幼儿园纳入普惠行列，要求其提供普惠产品。不过政府对民办幼儿园扶持力度小，奖补资金来源于中央财政、省财政，县财政"有心无力"。这样一定程度上也挫伤了一些民办幼儿园加入普惠行列的积极性。去年、前年地方基础教育政府投入总量与S市其他县（区）相比，我县是全市倒数第一；从全市基础教育投入的各项指标评估来看，我县还是全市倒数第一。

"入优质公办幼儿园难、入高端民办幼儿园贵"这一社会难题，我县一直未能有效解决，政府看到了问题却不采取有效措施立即加以解决，这也许与现有干部考核机制有关，义务教育有相应法律保障，其实施效果明显不同，这说明什么？政策实施的力度与效果成正相关。

WJ镇小学附属幼儿园园长CCH：

我们S市所辖D县、S县、P县、A区、C区，今天，从全市学前教育发展现状来看，我们P县也许是最落后的。这里仅以D县为例加以说明。

第一，师资。D县一个乡镇公办幼儿园，师资配置完全达标：两教一保，且注重专业化、年轻化。我一个表妹在那里上班，我表妹是专业幼师毕业的，她30多岁就被列入大龄幼师行列，而我40多岁才走上园长岗位，且我是转岗教师，很多专业知识是不断从实践中、书本中吸取来的。这让我很惭愧！仅"师资"一项指标，我们与人家差距多大！

第二，园舍。D县几年前各乡镇都建好了一所独立建制的公办幼儿园，且是严格按照国家标准建设规范的公办幼儿园。我们P县至今只有县城两所公立省级示范幼儿园，9个大乡镇小学附属公办幼儿园共9所，都不是独立建制的幼儿园，听说DS镇建一所独立建制幼儿园，至今还停留于规划中。

②未独立建制的幼儿园教师结构性缺失

县教育局主管教育教学的副局长LLY：

我们的管理重心在义务教育阶段，因我们是国家级贫困县、农业大县、革命老区、人口大县，财力受限。财力主要来源于中央财政转移支付，本地财力根本无法支撑我们所有事业单位正常运转。再者，国家相应的扶持政策较少，我们的职能部门主要精力、财力保义务教育。《义务教育法》如果不认真执行，我们必须承担法律责任。

TF镇教育督导组主任XJQ：

师幼比离国家标准相差太远。国家2017年颁布的《幼儿园教职工配备标准（暂行）》规定：各地新设立的全日制幼儿园，教职工与幼儿的比例为1∶5～1∶7。我们这里师生比是1∶33。公办幼儿专业教师奇缺，其原因在于一些小学领导基于现有政绩考核、仕途晋升的考量，首先须优先保证义务教育顺利推进，保证义务教育阶段完成其教育教学任务，因有《义务教育法》作为刚性的指标来检验、督促，违法者要承担相应责任。所以一些小学校长对学校的师资进行结构性调整，一些幼儿教师去担任小学教育教学工作，一些即将退出小学讲台生涯或教育教学质量不太理想的老年教师去担任幼儿教育教学工作。他们都属于转岗教师，一定程度上都是学用分离，是否存在资源浪费，不好言说。这样师资配置方式一直恶性循环，不知何时才能结束这种不均衡师资结构？

MY镇教育督导组主任LZS：

幼儿专业教师严重短缺，公办幼儿教师结构性缺乏。一些小学校领导基于对自身"政治前途"的思虑，面对校内师资短缺的残酷现实，选择"舍卒保车"的战略规划，重组校内人力资源，"合理"配置师资，即一些稀缺的年轻的专业幼儿教师被"组织谈话"后，去担任小学相关学科教育教学工作；而另一些即将离开讲台的、教育教学质量与学校要求存在一定距离的、与个别领导关系不太融洽的小学教师，因工作需要，被安排去幼儿园担任相关工作。这样的资源配置方式，致使校园内师资结构性矛盾更加突出，附属幼儿园始终处于一种资源分配边缘化地位，专业幼儿教师始终是最稀缺的资源。附属幼儿园"先天发育不全，后天营养不足"。这样严重制约其健康发展，这样资源配置模式长期恶性循环，何时才是尽头？

WJ镇小学附属幼儿园园长CCH：

我们WJ镇小学附属幼儿园共14位教师，其中转岗教师4位，代课教师9位，这9名代课教师中幼师专业3人，非专业教师6人，非专业教师占聘请教师总数的66.7%。还请了一位保洁员。我们园多为转岗教师代课教育。其中专业教师3人都是代课教师，她们占教师总数的21.4%。这意味着专业教师奇缺。其根本原因在于，校内教师结构性短缺，因小学严重缺人，每年招来的幼儿专业教师又去教小学，小学个别即将结束教育生涯的教师又去担任幼儿教育教学工作。这样长期恶性循环，不知何时才能结束这种悲剧？

我作为园长很担忧，一些偏僻的乡镇非专业教师都非常短缺，因偏远农村人烟稀少，文化素质较高的年轻女性早已扎根于城市，或远嫁他方。偏僻的农村更没有人力资本市场。我们生源不愁，学生来了必须有教师上课，既要应付上级检查，也要面对无辜的孩子。有时临近开学或正式开学，我们园教师不能及时落实，你给校长汇报这一棘手问题，他也显得很无奈、很无助。我们都很着急，有时连续几夜都无法入睡。如我们不能尽快落实教师问题，那后果不堪设想。这是极端不负责的表现，也是最大的失职，一定程度上讲也许是犯罪！那我们在哪里找教师呢？

后来只好就地取材，只能采用"抓壮丁"的方式临时应付眼前的教育教学工作，我们降低了遴选标准：一是女性，二是已婚，三是初中或高中（含中师）学历，四是具备一定的保育经验，五是身心健康，六是愿意从事教育教学工作。通过我们的广泛宣传和共同努力，最后终于找到比较适合的人选，以解燃眉之急。

可见，因财力受限，干部考核机制影响，一些地方政府领导或学校领导采取差异性发展路径，即优先发展义务教育，优先集中有限的财力保证义务教育阶段顺利发展，这也许是无奈的选择。

（3）幼儿教师招聘难，流失严重

CC镇教育督导组主任HSQ：

当前招聘幼儿教师特别难，原因在于报考比例偏低，即使一些人考上了，也不来上班；即使来上班，也有人因这一职业太辛苦，社会认可度较低，职业缺乏幸福感、认同度，不久就转行或辞职。

TF镇教育督导组主任XJQ：

专业幼儿教师流失严重，原因在于职业本身劳动付出与回报不成正比，社会认可度低，职业缺乏吸引力，一些专业幼儿教师工作不久就转行或辞职。

教育局教育股QXR老师：

我们本来财力非常吃紧，政府拿出指标来招聘幼儿专业教师，但是招聘经常无法进行，因报名人数不足以开考；即使一些人考上了，不来上班，或另谋出路；即使来上班的，时常缺乏一种正确的职业自我认知，缺乏职业自我认同度，不久就离职或转行。

可见幼儿教师职业缺乏应有的吸引力，职业认可度不高。

（4）学用分离

MY镇小学副校长兼附属幼儿园园长TWB：

我身为园长，兼任学校副校长，主管学校教育教学工作，并一直担任小学六年级数学教学工作。我本身不是学前教育专业出身，没有相关实践经历，尽管有时外出学习一些专业知识，那对我而言是杯水车薪，无济于事。因毫无理论基础、实践经验；且学用分离，管理重心自然偏向小学。因要严格考核，考核结果直接与个人绩效挂钩；且各个学校都要暗中评比，这直接关乎个人的"未来走向"。

SF镇小学附属幼儿园园长LJC：

我走上园长岗位也许出于机缘巧合。我仅在幼儿园工作过两年，实践经历肯定不够。走上园长岗位仅两三年时间，曾经参加一些园长外出培训活动，也学习了相关专业知识，但因自己原有专业背景、实践经历与现在自己管理岗位之间耦合度不高，所以成长不是很快，更重要的是学用分离，我重心在小学语文教学工作。因它是主要科目，且要参加考试，学生考试的分数是教师"硬件"的最佳体现。这与个人绩效直接挂钩，谁敢忽视它呢？谁敢拿自己的教学声誉当儿戏呢？所以存在管理重心偏离的情况，自然影响自己的专业发展。

MF镇小学附属幼儿园园长LLF：

我是转岗教师，一直担任小学语文教学工作。因工作需要，我又去担任幼儿园园长。我也参加了上级及当地职能部门组织的各类园长培训活动，学习结合后，我返校与各位幼儿教师分享学习心得。说实话，因精力有限，加之考核机制导向作用，我管理重心在小学。这属于学用分离。

这说明非专业出身的管理者处于领导地位时，也应享受专业深造的机会，稀缺的培训资源分配时倾向于他们，也是应然之举。P县相关政策文本在培训资源分配上也存在类似情况。

P县教育体育局于2014年9月1日下发的《发〈关于做好"国培计划"（2014）——农村中小学和幼儿园骨干教师短期集中及远程培训项目的通知〉

的通知》（P教函〔2014〕214号），它对上级下达的培训任务结合本县实际进行安排。该文件附件1：《P县2014年"国培"骨干教师短期集中培训项目送培名额分配表》，它分为以下几个项目分别实施。

（1）幼儿园骨干教师短期集中培训：

第一，XH师范大学组织培训，参培学员6名，其中CC幼儿园、JG幼儿园各两名，TF镇教育督导组、MY镇教育督导组各1名。

第二，XN大学组织培训，学员5名，DS镇教育督导组、MY镇教育督导组、RL镇教育督导组、PN镇教育督导组各1名。

（2）公办园园长短期培训：BJ师范大学组织实施，学员3名，CC幼儿园2名、JG幼儿园1名。

（3）幼儿园保育员短期集中培训：SC师范大学组织实施，学员3名，CC幼儿园1名，JG幼儿园2名。

（4）学前名师工作坊（室）高端研修培训：SC师范大学组织实施，学员1名，JG幼儿园1名。

（5）幼儿园转岗培训：

第一，MY师范学院组织实施，学员12名，CC幼儿园、JG幼儿园各3名，TF镇教育督导组、MY镇教育督导组、WJ镇教育督导组各2名。

第二，SC幼儿师范专科学校组织实施，学员10名，DS镇教育督导组、MY镇教育督导组、RL镇教育督导组、SF镇教育督导组、PN镇教育督导组各2名。

该表对培训项目名称、参训学员名额、单位、承担培训的高校等进行了具体解读，不过"幼儿园骨干教师短期集中培训项目"这一项目，教育局派出7名教育督导组的教师参训，"幼儿园转岗培训项目"中也派出了16名教育督导组教师参训。这非常宝贵、稀缺的资源，是否优先考虑第一线的教师呢？学用分离一定程度上是否造成了资源"隐形浪费"？

面临县域内学前教育资源短缺，尤其是优质学前教育资源严重短缺、难以满足更多幼儿入园的基本需求的这种残酷现实，如何利用当前国家发展学前教育的相关政策，加快我们学前教育发展步伐？

（二）学前教育整体发展规划

县财政局、教育局于2015年2月27日发布《关于学前教育有关情况的报告》（P财教〔2015〕8号），指出：我县将民办幼儿园纳入学前教育整体发展规划，"十二五"末我县规划民办幼儿园51所，在园幼儿约6 000人，约占全县在园幼儿总数的40%。重点发展规范性的小区幼儿园和村级幼儿园，促进学前教育资源合理布局，改善各级各类幼儿园办园条件，基本形成政府主导，社会参与，以公办幼儿园为示范，公民办相结合的学前教育发展格局，为适龄幼儿提供普惠性学前教育服务。

从2011年起，每年安排100万元用于支持民办教育发展，由财政部门负责管理，教育行政部门报财政部门批准后使用。积极鼓励有合法资质、良好信誉的社会团体、企业和公民举办幼儿园，对民办幼儿园建设用地，按照有关规定给予优惠政策。

2014年我县共有普惠性民办幼儿园51所，在园幼儿6 765人。2014年对提供普惠性服务的民办幼儿园，按幼儿园不同规模给予补助，用于民办幼儿园改善园舍条件、园舍租金、购置设备设施、弥补公用经费不足等，投入资金300万元，其中省奖补资金200万元，县财政资金100万元。

可见，P县目前学前教育资源短缺，必须整合县域内学前教育资源，将县域内民办学前教育资源纳入本县整体学前教育发展规划，以不断满足政策客体的现实利益诉求。

县教育体育局、财政局于2018年1月18日联合出台的《关于印发〈P县第三期学前教育行动计划（2017—2020年）〉的通知》（P教发P教函〔2018〕10号），它首先提出了总体目标：

到2020年，新建8所公办幼儿园。到2020年，全县幼儿在园人数达到18681人，学前三年毛入园率达到90%。

其次它具体、明确地阐述了年度目标：

2017年：计划投资7 926万元，新建公办幼儿园5所，三年毛入园率达到85%。

2018年：计划投资1 769万元，新建公办幼儿园1所，三年毛入园率达到86%。

2019年：计划投资1 769万元，新建公办幼儿园1所，三年毛入园率达到88%。

2020年：计划投资1 310万元，新建公办幼儿园1所，三年毛入园率达到90%。

最后提出具体举措：大力发展普惠性幼儿园，加快农村幼儿园建设，积极鼓励社会力量办园和捐资助园，规范城镇小区配套幼儿园建设及管理。

可见，该文件既有远期目标，也有近期目标，一年一个台阶，最后提出具体举措，关键是如何落实，绝不能将规划停留于纸上。

要对县域内学前教育资源进行统一规划，合理配置，首先应对公共学前教育资源进行统筹规划，大力发展公办幼儿园，以突显其学前教育的公益性。

（三）公办幼儿园发展的困惑

1.有限资金分配的问题，致使建修的公立幼儿园难以达到国家标准

教育局教育股股长YXH：

由于资金总量有限，政府规划部门采用"撒胡椒面"的资金分配方式，力求面面俱到，致使在建的各乡镇小学附属幼儿园均达不到国家标准。一些乡镇小学附属幼儿园因资金受限，它们按照小学的设计方式修建，呈现出小学化、零散化的特点，外形酷似火柴盒。幼儿园自有其特有的建筑风格和内在要求，必须要有活动室、休息室、洗手间，否则保育过程难以体现其质量。我个人认为，既然资金总量有限，那么可考虑集中多个项目一起来建一所规范的幼儿园。政府投入两个亿，没有建成一个规范幼儿园，可能资金分配存在一些问题。

WJ镇小学附属幼儿园园长CCH：

我们P县九个大乡镇小学附属公办幼儿园9所，但都没按国家标准来修，如幼儿园要有厕所、休息室，而我们按小学标准来修，一个班有40多个人。总之，整个P县公办幼儿园好像都是按小学标准来建的。

可见，面对资金额度有限的状况，是集中分配还是分散配置？是追求个体效益还是整体效益？这考验了地方政府的智慧和调控能力。

2.公办幼儿园收费较低，运转艰难

教育局教育股QXR老师：

公办幼儿园收费低。一般公办幼儿园每月收费500元，基本上保运转都很恼火，现在才调整为每月750元。

TF镇小学教导主任兼附属幼儿园园长QXH：

我们是小学附属幼儿园，5个班：1个小班，2个中班，2个大班。小班1个教师，中班2个教师，大班2个教师。小班幼儿36人，中班幼儿68人，大班幼儿78人。学前班2个，且生源很好。一共11个教师，其中2位转岗教师，9位代课教师。这2位转岗教师都是我们学校年龄较大、即将退出小学讲台的女老师。这9位代课教师都曾经担任过多年农村幼儿教师，2000年国家清退代课教师，她们都是一起被退出教师队伍的代课老师。她们身上具有一般人不具备的闪光点：工作特别细心、耐心，特别能吃苦，都已做了母亲，并具备一定的保育经验。不过她们的辛勤付出也许与其劳动报酬不成正比，每月1 500元。9位代课教师一月工资总计13 500元，一年共计162 000元，幼儿园收取的费用主要用于人工支出。

可见，公立幼儿园费用收取较低，校内运转较为艰难。

职能部门对县域内公共学前教育资源进行合理规划、配置，同时加强对民办学前教育资源进行规划、实行分类管理。

（四）民办幼儿园发展的困惑

1.普惠性民办幼儿园艰难的遴选过程

教育局职教成教股（含幼教）股长YK：

S省教育厅、S省财政厅、S省发展和改革委员会于2015年10月8日联合下发的《关于普惠性民办幼儿园认定工作的指导意见》（C教〔2015〕79号），该文件诸多地方表述模糊，如"收费合理，保教费收费根据办园成本参考本区域内同类公办幼儿园收费标准执行"。"收费合理""办园成本""本区域内""同类"等概念存在歧义，不同政策主体对此会有不同的解读，均是基于利己的动机，这些表述模糊的政策文本给基层政策实施者带来了政策文本开发和政策实践创新的机会，不过也存在诸多问题。

国家对普惠性民办幼儿园认定只出台了一个指导性意见，一个政策框架，这意味着地方政府必须发挥各自的地方智慧和政策开发能力。我们教育局职教成教股（含幼教）作为管理全县民办学前教育的专业机构，股室全体工作人员都是由原中小学教师先后走上这一岗位的，过去的专业知识、工作经历与现在岗位所需的专业素养相差甚远。为了应对职业转换，必须构建终身学习理念。我们充分利用一切机会加强专业学习，但因自己相关理论基础薄弱，专业知识十分缺乏，我们短时期内对国家相关政策的研究毕竟不够，对国家相关的政策领悟能力欠缺，这致使我们在执行这些国家政策时，出台的一些地方政策文本明显体现出理论水平不高的问题，政策文本对"普惠性民办幼儿园"这一概念的准确界定甚至影响到后续对"普惠性民办幼儿园"的精准识别。

全县民办幼儿园共62所，办学条件基本达标的民办幼儿园最多占总数的三分之一，即20多所民办幼儿园基本达标，还有40多所民办幼儿园办学条件暂时不达标。

这40多所民办幼儿园多来源于一些乡镇，收费不高，即每期每生收400~500元，基本属于微利经营或无利经营范畴，这些民办幼儿园占县内民办幼儿园总数的三分之二。这些民办幼儿园是否应被纳入普惠队伍也是考验地方政府执政者的政治远见和政策水平的事情。一方面，假如降低了准入标准，将它们纳入了普惠行列，一定程度上给予它们自我发展、政策扶持的良机；同时因其在发展途中本身存在诸多问题，也给职能部门的后续管理带来一定难度。另一方面，假如不降低准入门槛，这一群体接纳了全县6000多名幼儿入园，不及时予以政策支持，让这些无辜的幼儿较长时期接受低质量的教育教学服务，这对其未来发展会产生极其严重的影响。所以我们职能部门反复研判它们提交的资料，尽量找到政策扶持的突破口，利用国家政策优势，予以精准帮扶，以督促其尽快改善办学条件，提升师资水平，以更好地供给普惠产品。

经过我们职能部门的再三请求，提交教育体育局党组集体研究，最后决定，我们先将它们这一庞大群体纳入普惠行列，并对其进行业务指导、一定的经济扶持，让其尽快自我发展。

可见，对普惠性民办幼儿园的认定存在诸多困惑。

2.日常监管的问题

CC镇教育督导组主任HSQ：

教师及其他从业人员聘用一定范围内管理存在真空。作为教育主管部门，对民办幼儿园一些内部管理无法正确、有效地引导、监管，因无法解决一些具体问题，如招聘老师、保安一律由民办幼儿园自己做主，国家没有一个统一、严格的准入标准，如招20个教师，它只招18个教师；教师须是具备资质的专业教师，它却招不具资质的幼儿教师。一些民办幼儿园正是在这种"有序与无序"管理而导致的从业者鱼龙混杂、素质良莠不齐的生态环境中艰难地生存。

业务指导基本缺位。民办幼儿园几乎是自我管理、自我成长。我们管理民办幼儿园，"督"只能强调安全，"导"缺乏专业素养。很多时候是管而无力，如教育局出面督导，人力不足、经费紧张，不可能全县到处跑，这仍是体制问题。我们无法进行业务指导，多是行政管理。

权与责不匹配。教育体育局将各项任务层层分解，我们成为教育体育局的"二传手"，负责辖区内各项工作督导，因手中没有任何权力，很多工作无法有效实施。很多事说了人家也不听，如安排老师教研，年前安排六次，最终只有四次。关键的是民办幼儿园师资匮乏，教师集体参与教研活动必须放假，放假必须经教育局审批；部分教师参与，有些班级又无人上课，存在潜在风险。更重要的是我们手中缺乏制约对方的权力，所以有拳脚无法施展，有时感到很无奈。

教育局职教成教股（含幼教）股长YK：

教育教学质量监管缺失。我们原来只有2人，去年才从下面学校调了一位教师上来。3人面对全县庞大的民办学校群体，很多时候显得力不从心。我们人员紧张，更重要的是专业知识严重缺乏，本身我们又不是学前教育专业出身，即使经过一些专业培训，也不可能马上立竿见影。即使是学前教育专家来管理，实践中的问题既不可能完全明白，也不可能立即予以解决。所以我们侧重于安全、卫生、总结、考评、培训管理，多属于行政管理范畴，质量监管存在管理真空。

民办幼儿园财务管理难度大。国家要求民办幼儿园建立财务制度，62所民办幼儿园都要规范建立台账。这存在很大难度：一是民办幼儿园缺乏财会专业人员，即使有，它们一般也不会主动去规范做账；二是我们作为职能部门同样缺乏财会专业知识，无法指导，更不能有效监管。

民办幼儿园风险防范机制未建立。民办幼儿园队伍庞大，办学者各自办学动机各异，加之市场竞争残酷，一些民办幼儿园生存艰难，发展途中存在一些不可预期因素。为了规避市场风险，保护教师、幼儿合理权利，避免社会动荡，保证民办幼儿园健康发展，应建立风险防范机制，实行风险防范制度，强制民办幼儿园缴纳风险基金，一定程度上降低社会风险发生率，以体现政府管理能力和管理水平。

一些民办教学点在教育生态环境中艰难生存。目前，县域内存在着大量零星的，散落于各乡镇、村落、社区的民办教学点。只要有需求，就会有市场。它们的特点是小、散、乱。如TF镇BHL村幼儿园，一个老师，12个学生，每期每生保教费500元，一年12 000元。我叫她不教，她说：邻居老太婆叫她收，一直在教，教了几十年，几十年的教育情怀又不忍舍弃。像这样的村级幼儿园还很多，它们评普惠性民办幼儿园评不上，就不能享受国家相关政策，"阳光雨露一直照不到它"。

民办幼儿教师普遍待遇低，流动性大。因国家未出台民办幼儿教师工资标准，这就直接交给市场来自我管理。一些民办幼儿教师本身素质不高，举办者一般也是"按质论价"，且基于成本与利润的反复考量，一般确定工资标准都不高。更重要的是一般民办幼儿教师大都没交社保，致使她们未来生活缺乏基本保障。所以这一庞大群体几乎处于随时流动状态，没有一个稳定的"家"，这些"盲流群体"是影响社会和谐稳定的一个隐性因素。国家也没有相应的退出机制，完全由市场来操作。我们无法、无力对此进行有效管理。

MY镇教育督导组主任LZS：

民办幼儿教师聘用一定区域内存在管理盲区。因国家没有出台民办幼儿教师准入标准，民办幼儿园面向社会公开招聘教师属于自身管理范畴。因受民办幼儿园举办者办学动机、成长经历、专业背景、社会资源等因素影响，对遴选幼儿教师会有各自的准入标准，不过从我们所检查的情况来看，民办幼儿教师的年龄、文化结构、专业水平、从业资质远远达不到国家要求，甚至极个别教师纯粹是农村返乡的抚养小孩的"大妈"，既无从业资质，又无专业水准，更无相关工作经历，唯有一些保育常识。这种"三无"教师在一些偏远的农村民办教学点，还有较大的生存空间。我们作为职能部门，对其管理难度大，因为她们经常采取"游击战术"，管理者一去她们就伪装成家长，美其名曰"观摩教学"，扶助自己小孩；管理者一离开，就很正式走上讲台装模作样地指导小孩如何学习、生活。这些低质量的民办教学点或民办幼儿园，按国家相关规定，它们属于关闭对象。但一旦关闭这些低质量的民办教学点或民办幼儿园，很多幼儿无处入学，又存在"入园难"问题；不关闭它们，始终给当地职能部门的管理带来隐患。这也是一个很艰难的选择。

管理者专业知识严重缺乏，专业管理基本缺位。因自身专业知识、成长经历均与学前教育管理专业能力相关度不高。尽管偶尔外出参与专业深造，因自身年龄偏大，内生动力不足，理论储备不够，临床经历缺乏，短暂的专业进修对其专业成长助推作用不大。

因而我们业务管理停留于初创阶段，即我们检查到凡是黑板上有汉字、拼音的，一律视为"小学化"教学，我们根据这些外显特征非常明显的工作"留痕"来判断其办学方向，并提出幼儿园应以活动、游戏为主。至于如何开展活动、如何组织游戏，目前校内或园内存在哪些活动、哪些游戏，我们自己对此一概不知。作为管理者对专业知识都处于这种无知状态，哪能去指导他人呢？所以我们无法进行专业指导，专业能力极度低下。

以上管理者道出管理的苦恼，因基层管理者自身素质、现有条件等因素的影响而导致他们管理民办幼儿园多侧重于行政管理，这仅仅局限于亲历者的陈述，那么这种现象存在自然有其存在的合理性，它有政策依据吗？

P县教育体育局于2017年4月27日发布《关于全县民办学校2016年度审核情况的通报》（P教函〔2017〕131号），该文件对年度审核的方式、时间明确为：第一阶段从3月17日起，在督导组初审基础上各校开展了自查自纠工作；第二阶段从2017年4月10日开始，县教育体育局组织分管民办教育、学前教育、安全工作相关人员对全县民办学校进行复审。

对审查存在的问题予以曝光：

投入不足，办学条件不达标。2016年度，全县乡镇"门面房"幼儿园减少了2所，1所家用套房幼儿园新迁了校址。但全县民办学校大多数没有稳定的投入机制，普遍存在投入不足的问题。

师资合格率不高，配备达标率偏低。按最低标准每20名幼儿配一名教师，全县需幼儿教师435人，按40名幼儿配一名保育员，全县需保育员217人。本次年审结果为：全县民办幼儿园有专任教师416人，仅占配备标准的95.6%；保育员94人，仅占配备标准的43.3%；持有教师资格证的专任教师295人，占总数的70.9%。全县足额配置了合格师资的学校有7所学校，其中有6所民办幼儿园。师资配备较好的有9所民办幼儿园。

教学常规管理有待加强。一些学校校园环境差、条件简陋、管理不到位；部分幼儿园存在教学计划、一日常规、备课、听课不规范，教育活动安排不合理，管理资料胡乱填写，收集资料不规范，档案不健全的现象。

部分学校不同程度存在着安全隐患，特别是部分"门面房"幼儿园，防护设施差，易诱发安全事故。个别学校在聘用教师、职工时未按《劳动法》相关要求签订规范的聘用合同。

个别学校还存在随意迁址、举办分校（分园）等严重违规行为。大多数学校未按要求建立财务会计制度。

《P县民办学校2016年度的审核情况汇总表》显示：全县经教育行政部门审批的民办学校和教育培训机构79所，其中中等职业学校2所，小学1所，九年一贯制学校2所，幼儿园60所，教育培训机构14所。

审核结果分为优秀、合格、限期整改、停止办学。其中获得"优秀"的有18所学校，其中民办幼儿园17所；获得"合格"的有55所学校，其中民办幼儿园42所；"停止办学"的学校2所，其中1所民办幼儿园；限期整改的有1所民办幼儿园。

可见，P县对民办教育学校及培训机构的年审，多侧重于外在办学硬件、日常安全，质量监管都是浅表性涉及，最后对存在的问题予以曝光。

上述可知：管理的问题源于多种原因：一是法律、政策的真空，致使管理者无法有效管理；二是管理者专业素养缺乏，无法实施专业管理；三是条件不够成熟，某些管理环节无法细化处理，无法针对性地开展管理。

（五）非理性的教育理念影响了正确的办学方向

1.一些家长功利思想严重，追求"小学化"教学

SF镇小学附属幼儿园园长LJC：

一些家长深受几千年应试教育思想的影响，认为分数才是硬道理。现在选拔各类人才都是以分数作为一条重要的或唯一的标准，没有分数来作为入职、晋级、入学等的一条硬性或唯一的标准，那可能就会引发诸多问题。那时选拔工农兵学员上大学，主要侧重家庭出身、个人政治表现、家长的社会关系。各地高校采取文化考试为辅、个人表现考察为主的选拔方式，且选拔程序为：个人申请、单位推荐、领导同意、学校录取，这里最关键的环节是"单位推荐、领导同意"，这就考量个人的情商、社会背景、家庭社会资源、家长活动能力、家庭条件等。所以后来国家意识到这一问题的严重性：选拔的学员大多文化素质太低，多是有一定社会背景的成员，这严重违背了教育公平原则，也降低了教育教学质量，也一定程度上偏离了国家正确选拔人才的渠道，浪费了国家宝贵资源，又没培养出大批合格的专业人才，对国家、对社会都是一个巨大的损失。后来国家一律实行以考试为主的原则，分数面前人人平等，这体现出社会公平正义，引导人们发愤读书，以分数决定自己的命运。

在这种现实背景下，一些家长，尤其是一些年老的家长，自己因多种缘由未能上大学，下一代同样因其他原因未能培养成才，丧失了两代人上大学的最佳机遇，想将两代人未遂的心愿在第三代身上变为现实，所以一心追求"知识化"教学。他们在与老师交流中，要求老师一定要布置作业，将不布置作业误解为"带孩子耍"，老师要教一部分知识，教得越多越好，经常教写字、数数才好。

但我们作为教师，懂得教育教学规律、党和国家教育政策，又必须严格执行党和国家的一系列教育政策。我们绝对不能违背上级要求，但又不能完全漠视家长意愿，我们也要生存，需要生源，幼儿园是小学的生源地，更是自己财政收入的"菜园地"。我们很多时候感到很为难！这也许是我们今天面临的"海因兹偷药"的两难选择。有时只能违心地来迎合部分家长的需求，传授一些知识性的东西。

TF镇小学教导主任兼附属幼儿园园长QXH：

因社会选拔制度、评价制度未做出根本性变革，如入学资格、入职资质、从业资质、晋级资质、工作流动的资质、职业转换的资质等。这些很大程度上是依据考生的笔试成绩，以考试分数决定话语权。一些家长也深陷其中，既是这种制度的受益者，也是这种制度的受害者。所以一些家长一定程度上希望下一代尽快尽量多学习一些书本知识。因我国人口多，就业岗位少，尤其是社会地位比较高的就业岗位就更少，且竞争残酷，所以家长要求孩子务必提前充分准备明天的"考试内容"，为自己未来的"饭碗"拼搏。

这种功利思想体现在幼儿教育中就是明显的幼儿阶段的"知识化"教学，这种教学方式明显违背了教育教学规律，严重摧残了幼儿身心健康，影响其后续发展，这对国家、社会将会产生巨大的负面影响。

2.一些民办幼儿园的逐利动机助推了"小学化"教学市场

P县教育体育局于2018年3月21日发布的《关于清理整顿民办幼儿园违规举办特长班兴趣班有关工作的通知》（P教发〔2018〕26号），对清理整顿民办幼儿园违规举办特长班兴趣班有关工作进行了部署。这表明出台政策的动机在于端正一些民办幼儿园的办学方向，这些民办幼儿园以"特色服务、方便家长、服务幼儿"为借口，拓展服务，收取一定费用，以补贴教师收入，稳定教师队伍。

CC镇教育督导组主任HSQ：

一些民办幼儿园以"特色教育、服务家长"为借口，采用延时拓展服务，适度收取费用，以补贴教师收入，稳定教师队伍。不过园方本身存在一些问题，如办学硬件不够，师资水平不高等，课内传授内容故意作为延时拓展内容，且延时服务一般有时间限度。鉴于此，职能部门针对这一问题，一律禁止。原因在于，一些幼儿园以营利为目的，课内教授内容故意延时传授，以此收费，违背了办园初衷。

可见，部分家长的功利思想助推了"小学化"教学市场的发展；"兴趣班、特长班"的诞生正是迎合这些家长的内在需求，进一步拓展了"小学化"教学市场。课外大量涌现的"兴趣班、特长班"，违背了民办幼儿园办学初衷，偏离了办学方向。本该课内传授的内容而被生硬分割，故意延时传授；加之一些家长攀比心理严重，盲目选择"兴趣班"或"特长班"，一定程度上加重了一些家长的经济负担，挤压了生活费用空间，影响了生活质量。这样，二者相互作用、相互影响。

二、历史和现实因素作用下的学前教育现状

（一）历史因素

1. "教育市场化"

1992年我国开始实行社会主义市场经济体制。计划经济时代，政府几乎垄断了一切资源的所有权、分配权，一切资源实行定点配置、定量供给，资源市场份额较少。作为市场主体的企业，尤其是国有企业，在企业家族中单一集中度较高，因各地乡镇企业不发达，私营企业、外资企业几乎没有，国有企业几乎是垄断企业，一切由政府规划，企业仅仅是执行者，市场主体性体现不足，缺乏内生动力。实行市场经济体制后，很多国有企业瞬间成为市场的主人，它们必须努力找市场才能生存。加之这些企业原有生产设备、经营模式相当陈旧，消费者需求结构、内容的变更，这造成这些企业产能严重过剩；改革开放后，一些乡镇企业、私营企业和外资企业异军突起，它们采集市场信息方便，适应市场方式灵活，产品尽量适销对路，这样，原来"养尊处优"的国有企业必须转型升级、迅速剥离社会功能，恢复其本体功能，于是原来寄生于原单位的学校、医院一律实行"关、转、改"，转向"产业链和价值链高端发展"。[1]

一些事业单位为了减员增效，旨在减轻财政压力。此刻，P县在20世纪90年代后期将全县62个乡镇小学附属幼儿园全部推向市场，即"教育市场化"，其旨在增加非财政性的教育投入，强化教育与民营经济的联姻，[2]进而凸显民办教育在教育市场中的角色和市场份额。这样，P县学前教育在一定程度上造成整体性转制，学前教育的持续发展、良性发展就缺乏应有的基础。所以造成至今只有两所独立建制的公立示范幼儿园，乡镇小学附属幼儿

---

[1] 赫连志巍，等.企业转型导向的政策资源评价研究——基于中小企业板块的实证分析[J].数学的实践与认识，2019（6）：52.

[2] 王海英.常识的颠覆——学前教育市场化改革的社会学研究[M].桂林：广西师范大学出版社，2010：2.

园发展面临专业人才断层、设备重新购置、场地重新规划等被动局面。

P县"幼儿教育市场化"的最终结果造成了县域内公共学前教育资源严重短缺,尤其是公共学前教育资源结构性供给能力不足,其外在表征为优质公办幼儿园只有唯一两所。公共学前教育资源结构性供给能力不足的源头在于,政府的"教育市场化"削弱了学前教育的发展根基;同时政府较长时期对县域CC幼儿园、GJ幼儿园过度的资源配置或错位配置,如P县教育体育局于2018年6月19日出台了《关于参加2018年中小学、幼儿园专家型校(园)长研修班培训的通知》(P教函〔2018〕175号),明确培训对象为专家型校(园)长;培训地点为XN大学;年龄规定原则上不超过50岁,优秀的放宽为52岁,以体现培训的实用价值;名额为CC幼儿园1人。

众所周知,专家既有显性的,也有隐性的,这里县职能部门面临一个指标,就直接安排CC幼儿园园长或副园长参与。这是否属于资源错配?

如P县财政局、教育体育局于2016年9月27日联合下发的《关于下达2016年城市和民办幼儿园省级奖补资金的通知》(P财教〔2016〕35号),该文件附件1《P县2016年城市和民办幼儿园省级奖补资金分配表》显示:参与此次省级奖补资金分配的幼儿园20所,其中公办幼儿园2所,普惠性民办幼儿园18所。

省级奖补资金分为2015年考核奖金、补助金,其中获得2015年考核奖金最高额度的是CC镇CC幼儿园、CC镇JG幼儿园,均是20 000元(这两所幼儿园是本县唯一的省级示范公立幼儿园——笔者注)。有11所民办幼儿园获得考核奖金10 000元,它们分别是CC镇JBB幼儿园、CC镇城南新区XBS幼儿园、CC镇XHJXQD幼儿园、CC镇DZR艺术幼儿园、CC镇城南BJL幼儿园、CC镇SHJ幼儿园、JX镇CL幼儿园、RL镇RS幼儿园、HN乡TX幼儿园、CL镇LJL幼儿园、WJ镇LT双语艺术幼儿园,金额合计150 000元。

还有7所幼儿园没享受到2015年考核奖金,它们分别是CC镇HSJLT双语艺术幼儿园、CC镇上游工业园LY幼儿园、CC镇城南JGGZN幼儿园、SF镇XXX幼儿园、GP镇XL幼儿园、PN镇JBB幼儿园、HJ镇CX幼儿园。其文件及其附件没解释其缘由。

20所幼儿园获得了补助金,其中资金额度最高的是CC镇JG幼儿园87 600元,额度最低的是CL镇LJL幼儿园7 280元。总共450 000元。

这里的奖补资金配置是否属于过度资源配置？偏僻的乡镇小学附属幼儿园亟待资金扶持，它们才是真正需要社会关爱的对象，这些附属幼儿园没有专业师资、没有硬件设备、没有基本活动场所，那里的幼儿才更应该得到更多社会的关爱、扶持。

职能部门资源分配者基于利己的动机和利益偏好，将有限资源主要集中配置给这两所优质公立幼儿园，这样造成资源过度配置，未来社会阶层可能逐渐固化，而相对忽视了各乡镇小学附属幼儿园的发展。政府越对其资源过度配置，越诱惑人们不断追求享受优质学前教育资源，而真正享受这两所优质幼儿园提供教育服务的多是家庭社会地位较高的幼儿。那么，公共学前教育资源结构性供给能力不足的后果是多数人感到"入园难"，尤其是一些弱势群体家庭感到入这类园难度很大。这一方面来源于他们的认知，自己的孩子出身不占优势，家庭地理位置没在该类园服务半径，难以入园；同时他们也缺乏一定的社会资源，不能通过其他社会关系网络让自己小孩顺利入园；因以户籍绑定受教育权作为就近入园原则，家长可以承担高额成本让子女入园，但自己缺乏一定的经济实力，因此感到"入园难"。

2.制度化的学前教育财政投入体制机制缺失

我国因历史缘由至今缺乏一套科学的制度化的学前教育投入体制机制，尽管"三年行动计划"在推进中，中央、省、市都在承担各自的财政责任，但未具体明确各自的责任边界，也未形成一种明确的制度予以细化。1949年以后，学前教育投入体制几乎没多大改观，本质上仍是供给方财政投入，即公办幼儿园的硬件设施设备、生均事业经费和生均公用经费一律由财政拨付。这种长期盛行的供给方财政投入机制尽管激活了低收入者潜在的购买欲望，但至今并未增强他们对优质学前教育产品的购买力，这样可能会造成学前教育结构性质量提升与县域内较大范围幼儿发展水平差距扩大之间的矛盾，使县域内学前教育非均衡发展愈加凸显。

（二）现实因素

1.财力与公共服务能力不匹配

P县是革命老区、国家级贫困县、人口大县、农业大县。"农业比重较高，工业和第三产业基础相对薄弱，三次产业结构偏低，产业自我积累、自我发展的能力不强，财政保障能力有限。"[①]教育、医疗、社会保障、公共安全等基本公共服务能力不强且供给不均衡，如期脱贫任务艰巨。加之，我国已成为世界经济强国。随即我国进入社会矛盾凸显期，又因我国社会风险化解机制不够健全，地方政府就成为各类社会矛盾叠加错杂的聚集地，这致使P县政府公共服务能力与自身财力不匹配之间的矛盾更加凸显。

2.县级政府绩效考核机制的价值追求更加弱化了县级政府公共服务能力

因上级政府或相关部门存在唯GDP等可量化的经济指标为主的考核惯性思维，这就明示了P县主政者的奋斗方向，一旦完成考核目标，不仅可以得到上级或有关部门的青睐，更重要的是可以拓展个人仕途晋升的空间，可以获得与此相关的个人利益。因考核绩效本质上就是追求利益，这一考核方案的导向作用，就可能直接引导P县主政者忽视了公共服务、生态环境、社会安全等基本公共需求。这种考核方案的价值追求，就直接弱化了P县政府的公共服务能力或导致P县政府的公共服务能力缺失。

3.学用分离也许造成资源"浪费"

学用分离存在资源"隐形浪费"。成人教育具备"促进个人和社会共同发展的双重目的"，[②]不过必须使学用有机结合。学用有机结合是促进学习者快速成长、检验理论真理性的最佳途径。如学用分离，势必造成学习者专业成长慢、学习资源存在一定程度的浪费。因一些小学附属幼儿园一直没独立出来，一律由小学统一管理，其管理者都是小学校长或副校长兼任。因这些校长或副校长都不是学前教育专业出身，国家须对其进行专业培训，以提高其专业水平和管理能力。尽管国家利用非常宝贵的培训资源对其进行相应的专业培训，不过，这些校长或副校长基于精力分配、利益偏好的考虑，他们的管理重心自然偏离幼儿园，因此一定程度上存在资源"隐形浪费"。

---

① P县人民政府.P县国民经济和社会发展第十三个五年规划纲要（2016-2020年）：9.
② 朱伶俐，刘莹莉.中小学教师培训质量保障体系的分析与构建——以北京大学"国培计划"项目为例[J].继续教育，2018（271）：13.

4.家长的"明智"选择加剧了财力与公共服务能力不匹配之间的矛盾

经济发展助推城市增容，不过县城优质学前教育资源分布极不均衡。老城那边只有两个民办幼儿园，无公办幼儿园，幼儿只能就读于当地民办幼儿园。老城与新城相比，人口总量接近，但老城的家长观念较先进，千方百计想把小孩送到公办幼儿园来，不愿送到民办幼儿园去，原因在于民办幼儿园收费最低是1 860元，公办幼儿园收费1 350元，价格、质量优势吸引家长做出理性的选择。其深层缘由在于政府对县城两所公办幼儿园有较长时期的高额投入，并严格制定收费标准，这样呈现出"质优价廉"的制度性信誉，也随之制造出"质优价廉"的稀缺的学前教育资源，而这些"质优价廉"的稀缺的学前教育资源大多为当地社会精英所享用。因入园一般采取就近原则，即政府将户籍与受教育权利绑定，这也是家长、政府面临的两难选择。越是设置入园限制，一些家长入园愿望越强烈。这样一些家长的选择加剧了财力与公共服务能力不匹配之间的矛盾。

鉴于以上历史、现实因素造成了今天P县学前教育发展的困境，P县政府应大力争取上级政府或相关部门的一系列优惠政策，逐步用好这些优惠政策；同时不断增强自身造血功能，主动承担起公共服务责任。笔者认为，要做好这方面工作，P县政府必须从历史、观念、制度三个层面来认识、剖析县域内学前教育领域的深层次问题。

首先，P县政府必须解决公共财政在县域内学前教育领域的服务对象问题，[①]因过去单纯由政府决策的财政投入机制，因资金本身极度紧张，他们自有其投资重点、方向，这样公共财政没起到合理配置资源的引领作用，反而加剧了低收入群体与高收入群体幼儿发展水平之间的差距。所以公共财政投资方向必须时刻跟踪弱势群体家庭幼儿的入园目标。

其次，要明晰市场与政府的界限，让公民办幼儿园在教育生态环境中和谐共存、共生共荣。

再次，正确引导民众对"优质价廉"的学前教育资源的追求，不断调整这种稀缺资源的结构，增加这种资源的增量；同时尽量降低低收入家庭幼儿

---

① 宋映泉.我国学前教育事业发展主要矛盾与公共财政投入改革方向[J].教育经济评论，2019（3）：44.

的入园成本，逐步缩小低收入群体家庭与高收入群体家庭幼儿发展水平之间的差距。

第四节　幼师培训政策运行的具体情景

　　普惠性民办幼儿园政策内容主要包括幼师培训政策、奖补资金政策、幼儿资助政策。笔者首先对幼师培训政策运行的实践样态进行全景式呈现。

　　幼师培训政策包括国培计划、非国培计划。国培计划是国家对全国的中小学幼儿教师进行的一次大规模培训，它既体现了国家意志，又是提升教师专业水准的最佳选择路径；非国培计划是地方政府对本地域内教师培训的一项制度设计。无论是国培计划还是非国培计划均是一种激励政策，旨在拓展教师专业发展空间，优化教师结构存量，让教师享有优先发展的良好机遇，"降低职业发展成本"，[①]扩大教师结构增量。

　　要看一项政策的运行具体情景如何，政策的执行者、消费者是政策效益的检验者。倾听他们的故事，也许会有意外的收获。

一、县师培中心教师培训功能结构性缺失

　　（1）县教育局主管教育教学的副局长LLY：
　　县师培中心幼儿教师培训功能"弱"化，其根本原因在于我们是国家级

[①] 余兴安，等.引导人才向基层一线、艰苦地区和岗位流动激励政策研究[J].中国人力资源开发，2015（19）：81.

贫困县、农业大县、革命老区、人口大县，财力受限。财力主要来源于中央财政转移支付，本地财力根本无法支撑我们所有事业单位正常运转。再者，国家相应的扶持政策较少，我们职能部门的主要精力、财力用于保证义务教育。

（2）县师培中心主任TCM：

我们是一所教师培训机构，也是一个具体办事机构。至于培训对象的遴选、安排，我们无权过问，各类教师培训资源的分配权在教育体育局人事股手里。他们手中有"调兵权"，但无"兵"。我们纯粹给他们"打工"，培训任务来了，我们组织培训；没有培训任务，我们就做好自己的事。我们也是按教育体育局的指示办，他们管理侧重于义务教育阶段，我们就主要培训义务教育阶段的教师、干部。幼儿教师培训任务仅有一次。

（3）DS镇JSYL幼儿园园长TY：

我曾经到CQ去培训，教师进修校几乎没有组织培训（"教师进修校"已改为"师培中心"——笔者注）。县内培训很少。

（4）CC镇XBS幼儿园园长CD：

我参加了教育局组织培训已有五次以上，第一次到LZ，第二次到CQ，第三次到CD。上级安排与我们的内在需求基本一致，2018年培训内容少一点，前两年多一点。教师进修校几乎没有组织过培训。

（5）CC镇JG幼儿园副园长WXL：

县进修校主攻义务教育阶段，我们只有网络研修。

可见，县域内幼师培训几乎是外单位完成培训任务，如P县教育体育局于2018年6月19日制定的《关于参加2018年中小学、幼儿园骨干教师能力提升培训的通知》（P教函〔2018〕174号），该文件指出，培训地点：CN大学。培训对象：全县幼儿园、中小学骨干教师（共计93人），其中幼师16人。具体分配名额：县城CC幼儿园3名、JG幼儿园3名、WJ小学、MF小学、MY小学、TF小学、CL小学、HJ小学、DS小学、SF小学、PN小学各1名。培训时间：2018年7月—12月（具体培训时间另行通知）。培训要求：本次参培教师人选必须确保在教学一线。

由上可知，在"区县政府教育管理转型"[①]、学校办学自主化意识不断增强、师资培训市场竞争非常残酷的形势下，作为县级教师培训专业机构——县师资培训中心，其幼师培训专业能力缺乏、幼师培训专业功能"弱化"，既有历史缘由，也有现实因素。其最根本原因：第一，财力受限，当地政府只能集中有限财力办大事。第二，2018年修订的《义务教育法》明确规定，各地必须认真组织实施该法，继续巩固义务教育成果，不断提升义务教育质量，将辍学率控制在最低水平，以保证适龄儿童完成九年义务教育，为其未来生存、发展奠定良好的基础。如未能完成义务教育阶段任务，控辍保学出现失误，致使义务教育阶段适龄儿童过早流入社会，要追究地方政府责任。第三，执政者在资源约束、政策对象众多的情况下，必定会优化政策方案，遴选最佳政策工具；同时考量自己的"政治前途"，所以必定会采取"舍卒保车"的最优地方政策方案。加之，P县不是"国培计划"项目县，没有相应的扶持政策；本身财力紧张，因此师培中心根本或很少得到县级职能部门配置的县域内幼儿教师培训资源，幼儿教师培训都是按照上级安排组织去外地参培，这是其业务分化的外在表征，师培中心也没有对外争取幼师培训项目。

基于以上的政策制定动机、政策运行指向、价值导向，作为教师培训专业机构——县师培中心，它作为一个事业单位，"服从组织安排"是其安身立命的生存法则，所以幼师培训专业能力短缺，幼师培训专业功能未充分凸显。

二、民办幼师国培机会较少

（1）RL镇RS幼儿园园长ZSN：
我们幼儿园自2015年创办以来，参加国培只有一次机会，且听说只有三

[①] 林晓辉.浙江省J市县级教师进修学校培训能力及其影响因素研究[D].金华：浙江师范大学，2018：摘要，1.

位园长，其中有我，因我是县民办教育协会秘书长。

（2）CC镇WD幼儿园园长HSX：

2016年创办至今，没收到一次教育局组织的教师培训通知，没有进行过统一的培训，教育主管部门也许对我们重视不够，民办教育群也没有收到任何有关教师、园长培训的信息，培训可能针对公立幼儿园。

（3）SF镇XXX幼儿园园长JDP：

国培计划，我们幼儿园未被认定为普惠性民办幼儿园以前参加过一次，在CD大学；去年也参加了一次，在XN大学。

（4）PN镇CX幼儿园园长LP：

我们不在国培计划范围内，我们都是去一些商业机构自费参加培训。

（5）CC镇教育督导组主任HSQ：

三四年前我安排了两三名民办幼儿教师外出学习，后来就少了。三四年前个别幼儿园本身不愿意送老师出去学习，一般未安排民办幼儿教师外出学习。

根据上述当事者所说可知：民办幼师参与国家组织的培训机会较少，其根本原因在于国培计划设计初衷也许主要针对公办幼师，因幼师培训资源极其稀缺，一些中西部偏远的农村公办幼儿园的专业幼师极度缺乏，国家针对这一残酷现实，果断采取相应举措。如国务院办公厅于2015年6月1日发布的《关于印发〈乡村教师支持计划（2015—2020年）〉的通知》（国办发〔2015〕43号），指出：到2020年全面建成小康社会、基本实现教育现代化，薄弱环节和短板在乡村，在中西部老、少、边、穷岛等地区。发展乡村教育，帮助乡村孩子学习成才，阻止贫困现象代际传递，是功在当代、利在千秋的大事。发展乡村教育，教师是关键，必须把乡村教师队伍建设摆在优先发展的战略地位。但受城乡发展不平衡、交通地理条件不便、学校办学条件欠账多等因素影响，当前乡村教师队伍仍面临职业吸引力不强、补充渠道不畅、优质资源配置不足、结构不尽合理、整体素质不高等突出问题，制约了乡村教育持续健康发展。实施乡村教师支持计划，对于解决当前乡村教师队伍建设领域存在的突出问题，吸引优秀人才到乡村学校任教，稳定乡村教师队伍，带动和促进教师队伍整体水平提高，促进教育公平、推动城乡一体化建设、推动社会主义新农村建设、实现中华民族伟大复兴的中国梦具有十分重要的意义。

到2017年，力争使乡村优质教师来源得到多渠道扩充，乡村教师资源配置得到改善，教育教学能力水平稳步提升，各方面合理待遇依法得到较好保障，职业吸引力明显增强，逐步形成"下得去、留得住、教得好"的局面。到2020年，努力造就一支素质优良、甘于奉献、扎根乡村的教师队伍，为基本实现教育现代化提供强有力的师资保障。

面临如此残酷的现实，资源分配者优先考虑满足体制内幼师培训需求，且集中优质资源定向分配，定点配置，这是当今国情所致。这也许是幼师培训政策由最初的"普惠"转向现在的"特惠"。加之一些地方政府因财力受限，无法有效组织实施，只能由中央政府来统一组织实施。不过普惠的大旗最终也许要由公办幼儿园来扛起，学前教育公益性最终凸显也须依靠公办幼儿园的大力发展、健康发展、快速发展。

资本的本质是逐利，民办幼儿园无论如何管理，最终目的都是追求个体利益最优化，当然不可否认必定存在一些民办幼儿园的公益事业，它们这样做也许能更好地体现学前教育的公益性。总之，由于多种因素影响所致，目前民办幼师参与由国家组织的免费培训的机会暂时就相对少一些。

三、公办幼师国培机会多，存在隐性"浪费"现象

（一）网络研修亟待改进

（1）县师培中心主任TCM：

网络研修，无法互动，很多老师观念也没转变过来，认为培训就是坐下来专心听老师当面讲授，这样来学习，所以很多老师不欢迎这种形式。

（2）CC镇JG幼儿园教导主任CXM：

网络研修，我们不欢迎，实效性差。

（3）DS镇中学附属幼儿园园长PY：

网络研修，老师们都是只签到，或老师点名后就逐渐离去，班主任有事

就走了。

（4）CC镇CC幼儿园副园长THQ：

网络研修，流于形式，看时间到了，点开就做其他事了。

（5）MY镇小学校长HSG：

网络研修，各个学校，一科一人，相当单调。上午一个专家讲，下午另一个专家讲，希望讲课时能举例说明，这样更容易接受，一个人听也没有学习氛围。

（6）MF小学校长LY：

网络研修有应付现象，至少50%老师不赞成，最好是跟岗培训。

（7）WJ小学附属幼儿园园长CCH：

网络研修纯粹是完成任务，先播放10分钟，内容有用，不过由于工学矛盾，没有时间坐在那里听。

笔者在几个月田野考察中发现，网络研修这种学习方式尽管不太受人欢迎，但是目前仅限于该县所有公办幼师。

（二）教师培训存在年龄歧视和身份歧视现象

（1）CC镇教育督导组主任HSQ：

很多学习机会无法落实下去，原因在于年龄限制。很多学校多年都未新进老师，平均年龄48岁，45岁以下的只有3人左右。上面划分名额，学校又不派人，还要完成任务，往往下面学校有抵触情绪，我们很多时候感到头疼，好多时候无法派人或少派人。这就是典型的"浪费"资源。

（2）县师培中心主任TCM：

很多幼师是非学前教育专业毕业生，评职称须具备学前教育专业知识，按照要求她们必须参加专业培训。上级职能部门估到（"估到"即"强行"——笔者注）把指标按下去，这样强行把指标分下去，不过又有年龄限制，好像每年都是那几个老师。参加学习的老师也很反感：又是派我们去？校长说：不派年轻人，难道派老年人去？

（3）CC镇CC幼儿园园长DL：

老教师因年龄原因，内生动力不足，且外派教师出去学习有年龄限制，也不能安排她们。我们有5年多未进新教师，年轻教师都结婚了，你去安排人家学习，人家有家庭琐事，安排了人家也不愿去。我们还请了8个代课教师，代课教师绝对不能外派学习，因她们还不是体制内的教师，选派出去学习的必须是体制内的教师。

（4）MY镇小学主管教育教学的副校长LTM：

教师外出学习有年龄限制，派出去学习的经常都是那几个人，所以造成遴选机制不健全，老教师没有机会参加培训。

笔者随机查阅了相关文件。S省教育厅于2013年5月31日发布的《关于做好"国培计划（2013）"置换脱产研修和远程培训项目工作的通知》（C教函〔2013〕353号），该文件指出："置换脱产研修项目的教师选拔条件及要求：原则上不超过45岁有发展潜力的中青年骨干教师。"

P县教育体育局于2018年6月19日出台的《关于参加2018年中小学、幼儿园专家型校（园）长研修班培训的通知》（P教函〔2018〕175号），该文件明确规定："原则上不得超过50岁，如特别优秀者可适当放宽到52岁。"这说明政策制定者基于"利己"的动机，也要考虑培训所产生的效益，且年龄较大，学习能力自然会受到一定程度的影响。

（三）时间设计欠科学，造成隐形"浪费"

（1）CC镇CC幼儿园园长DL：

老教师不能去，代课教师更不能外出学习。年轻教师都已成家，都有家庭、小孩，且培训时间多在周末，时间安排得紧，学习内容压得紧，平时我们都很辛苦，一般周末一家人团聚一下，适度放松放松。你安排人家去学习，人家有家庭琐事，安排了人家也不愿去。即使派年轻教师去，回来也是"课程复制"。

（2）CC镇教育督导组主任HSQ：

有些公办幼师，只要外出学习占用其休息时间就不高兴，而有些民办幼师对于学习时间安排没有要求，反而很珍惜。

从上述亲历者的诉说可知，公办幼师培训机会多，不过宝贵的培训资源使用效率发挥不足。它们的主要表现及其缘由在于：

第一，网络研修存在自身缺陷。如S省教育厅于2017年3月23日出台的《关于做好2016年"国培计划"——中西部项目和幼师国培项目实施工作的通知》（C教函〔2017〕136号），该文件附件1显示，中西部项目和幼师教师网络研修项目（3个子项目），即教师网络研修——信息技术应用能力提升培训，教师网络研修——网络研修与校本研修整合培训，教师网络研修——教师工作坊研修。其中教师网络研修——信息技术应用能力提升培训项目的培训对象为：项目县域内未参加中小学教师信息技术应用能力提升专项培训的全体中小学（幼儿园）教师。参训教师不足的，可由市（州）统筹扩大至非项目县未参训的教师。培训目标为提升中小学（幼儿园）教师信息技术应用能力水平。培训内容及形式分别为：《中小学教师信息技术应用能力提升标准》及《中小学教师信息技术应用能力课程标准》规定内容，参训教师基于前测自主选学。可见该文件将网络研修作为一种重要的培训手段。

网络研修是一种利用互联网对教育资源的优化处理的教育教学手段，旨在突破传统教育的瓶颈，能让授课教师发挥出最大信息接受效力，进而扩大受众，尤其是拓展偏远地区教师享受优质教育资源的机会，是促进教育均衡发展的重要路径。它方便学习主体随时学习，利于提升教育资源的使用效益，进而大面积节约教育资源生产成本。不过也许政策制定者、政策实施者在培训前对政策客体的内在需求深入调研不够，立足于自我主观判断作出的价值选择。他们对其利弊剖析不足，也许早期探索经验不足，尤其是网络研修最大弊端在于"时空分离"，[1]是一种单向的信息传输，师生之间缺乏互动，即传授者与接受信息者之间无法及时交流，以至造成学习者无法及时获得积极的情感支持，无法及时解决自己学习中的困惑。同时它更缺乏通过人际互动而产生的情感。课堂教学不仅仅是学生的一种学习方式，更是以学习为载体，师生之间的一种情感互动。网络研修正是缺乏课堂教学的这种优势。基于上述缘由，网络研修在幼师培训中不太受学员的欢迎。

第二，幼师培训存在年龄歧视。幼师培训鲜明地体现出成人教育的特

---

[1] 朱伶俐，刘莹莉.中小学教师培训质量保障体系的分析与构建——以北京大学"国培计划"项目为例[J].继续教育，2018（271）：13.

征，理应按照成人教育特点来组织实施。首先幼师培训应具备一种终身教育理念，搭建幼师终身学习的平台，满足幼师终身学习的内在需求，创造一种"人人能学、处处可学、时时皆学"的社会学习环境。[①]

作为幼师培训资源的分配者，即幼师培训政策制定者及执行者，出于政策效益最大化的考量，对学员年龄进行相关限定，这是可以理解的。不过作为幼师培训资源的分配者也许对基层学校教师结构、教师补充机制不太了解，基层学校无权对其作调整性处理，幼师培训资源的分配者对培训对象不仅局限于年龄，还有身份识别，如老年教师存在年龄歧视，代课教师存在身份歧视。尤其是一些极端偏僻的乡镇小学附属幼儿园，连续几年没吸纳新教师，教师构成不是老教师就是代课教师，这些教师亟须参与各类业务培训，专业知识存量极度有限，亟须得到专业引领，可是他们都不具备外出深造的"资质"，以至最终造成宝贵的指标白白浪费。

第三，学习时间安排的科学性。幼师培训时间安排的科学性也是关系到上下合作是否愉快的关键。作为幼师培训资源的分配者，即幼师培训政策制定者及执行者，也许立足于基层幼师工作实际出发，充分利用周末或假期进行培训，这本来是一件利国利民的大好事。如S市教育局办公室于2018年10月16日出台的《关于2018年专家型校（园）长研修培训班第二阶段培训学习的通知》，指出：参培人员为2018年XN大学专家型校（园）长研修班人员（100名），培训时间为2018年10月20—21日。这次培训时间安排在周末。

不过，作为幼师培训资源的分配者，也许对基层幼师的内在需求调研不够，能来参与学习的都是中青年幼师，她们都具备年龄优势、身份光环。正是因为她们具有这些有利因素，可能导致她们内生动力反而不足，因存在体制优势，体制内暂时没有退出机制，生存压力很小。加之时间安排在周末或其他假期，假期属于公民法定休息时间，如加班须付给加班费用。这早已形成一种制度文化，已铭刻于心。因此很多公办幼师始终觉得，周末或其他假期是我的法定休息时间。如果去学习，心理上始终难以接受，学习时很可能

[①] 朱伶俐，刘莹莉.中小学教师培训质量保障体系的分析与构建——以北京大学"国培计划"项目为例[J].继续教育，2018（271）：13.

存在精力投入不足现象。还有一些幼师，本来工作一周，也很辛苦，一家人好好放松放松，共享天伦之乐，一旦安排外出学习也许直接拒绝，或碍于情面，非常被动地参与培训，这也会直接影响学习效率。基于上述种种原因，如培训时间安排缺乏科学性，一定程度上存在资源"隐形浪费"现象。

四、民办幼师培训多为"单打独斗"、各自为政

（1）DS镇BST幼儿园老师CM：

我们园教师培训一律由园长决定，施训者都是外面的一些商业培训机构，培训后有收获。

（2）TF镇BH村幼儿园园长ZQH：

我们是一所村级幼儿园，服务区域就是附近农村，服务对象都是农村幼儿。我利用周末去外地一些商业培训机构参加培训，培训内容是自己选择的，像幼儿园课程理论等。

（3）CC镇JXGJC幼儿园园长LQ：

我们这个园总部在C市，每年会送老师去S市学习，费用都由公司支付，都是商业性质机构。我们总部在C市，一个学期总部请一个老师来现场培训，时间两天。这样培训成本相对要低一些。

（4）RL镇RS幼儿园副园长DAH：

我们幼儿园是QY教育集团的加盟园，教师培训有线上钉钉培训，线下C市名园园长集中面授，各园骨干教师全在C市集中培训。

幼师培训是推动民办幼儿园健康成长的外部推力。不过从上述亲历者讲述中得知：今天民办幼师培训处于一种自发状态，呈现出各自为政、"单打独斗"、成本很高的特点。其根本原因在于各个民办幼儿园办学特色不同，教育理念相异，尤其是举办者价值追求各异，进而导致各自幼师培训内容、方式、风格等各异，以更好地体现出各自办学特色和教育理念追求。再者，民办幼儿园之间信息交流渠道不畅，共享信息不太多，信息共享意识不强；交流主体基于交流的内在需求而选择交流对象，交流主体之间的交流信

息的真实度值得思考。因各自举办者办学动机、投资额度、社会资源、自身素质、办学声誉等不同,这直接或间接地影响到举办者各自利益追求。所以一定程度上存在信息采集渠道不畅、交流信息"失真"现象。还有,民办幼儿园举办者合作意识、团队意识比较缺乏,喜欢自我表现、自我创新,不愿"盲目跟风"。幼师培训也是民办幼儿园举办者个性张扬的凸显。

P县2015年成立了一个民办教育协会,它是一个松散的民间组织,因其官民属性界定不清,导致其与当地职能部门管理职能重叠或交叉、专业能力发展受限。[1]又因缺乏相应的政策支持、稳定的经费支撑、强有力的领导核心,对于县域内民办幼儿园及民办幼师的维权、业务培训、政策解读、风险评估、行业自律等方面的作用弱化。即使组织内个别领导愿意出资、出力为组织做一点贡献,一些组织成员基于自己的利益偏好而质疑其行为动机,即眼前的"慷慨"行为是否会隐形地损害集体未来的利益?在这种不愿合作的思维影响下,致使民办幼儿园处于各自为政、"单打独斗"的草创时期,无法形成品牌产品,更难以形成拳头产品,产生品牌效应。这就是典型的个体偏好差异导致组织行为成本和协调难度的增加。[2]

最后,教育体育局的桥梁作用发挥不足。其实县教育体育局可以利用自己体制内的优势,建立一些信息交流平台,传播一些幼师培训信息,利于民办幼儿园举办者自己选择。如2019年4月10日P县教育和体育局发布的《关于民办幼儿园骨干教师业务培训的通知》(P教函〔2019〕103号),指出,培训时间:2019年4月26—27日。培训地点:XN大学圆顶报告厅。参培人员:各民办幼儿园选派1~3名骨干教师。培训日程安排:27日上午8:30—10:30,讲座:《幼儿游戏的观察策略》。10:30—11:50,观察:《流浪狗之歌》《测量》。11:50—12:30,点评:教学反思、现场教研、专家点评。27日下午14:00—16:00,观察:《黄河泥塑》《非洲欢迎舞》《好长好长的名字》。16:00—17:00,点评:教学反思、现场教研、专家点评。不过这样的机会太少,所以它这一方面作用未充分凸现。基于上述缘由,民办幼师培训多是

---

[1] 李清刚.民办教育协会:问题与改进[J].北京教育学院学报,2014(1):61-62.
[2] 陈潭.治理的秩序——乡土中国的政治生态与实践逻辑[M].北京:人民出版社,2012:128.

自我管理、自我发展的初创阶段。

五、急盼送教下乡

（1）县师培中心主任TCM：

我们现在可以尝试请专家来培训，邀请方负责专家的吃、住、行，专家拿税后的钱。

（2）CC镇BJL幼儿园园长YBW：

我们希望请专家来培训，公民办幼儿教师一起听。我们对此也多次提过意见，不过有关部门没有"回应"。

（3）CC镇CC幼儿园园长DL：

根据我们的实际可以请专家来培训，其实这种培训方式面广量大，成本降低了，双方都受益。

（4）CC镇LT幼儿园园长HRX：

请外面教师来培训，结合实际一点，现实一点。

（5）WJ小学附属幼儿园园长CCH：

希望县城老师来给我们上一堂课。到上面去听课，每一次最多1~2名教师，受益面小。

"送教下乡"是把"受训者"转变为"施训者"的一种教学模式，其旨在拓展偏远地区幼儿教师的专业视野、更新教育理念、提升教育教学能力。从上述教师或园长的倾诉可知：P县幼儿教师培训因县师培中心幼师培训功能严重"弱化"，致使县域内幼儿教师培训，尤其是公办幼儿教师几乎都是外出培训，民办幼儿教师几乎是各自为政，自寻天地，自谋生存路径。外出参训自有其优势，也存在一定弱点，所以这些教师或园长强烈要求当地职能部门来整合培训资源，共享培训资源，降低培训成本，结束培训市场混乱局面；同时增强甄别培训市场的专业能力。这里的"送教下乡"是资源整合、将有限资源配置到最需要的政策对象手上。这也是民办幼儿园之间、公民办幼儿园之间开始专业合作的外在表征，为其后来深度合作、团队意识及共享意识的培养、信息采集、信息共享，打造利益共同体、命运共同体奠定了坚实基础。

总之，因县财力吃紧、主政者追求政绩而导致县师培中心教师培训功能结构性失调，培训资源极度短缺。《乡村教师支持计划（2015—2020年）》的出台，稀缺培训资源的定点配置、集中使用，发挥其最大效益，因而幼师培训偏"公"思维明显；施训者训前深入调研不足，导致培训方式、内容、受训者培训资质与受训者的内在需求、客观实际脱节，一定程度上造成宝贵资源的浪费；民办教育协会缺乏自身独立性和相应财力支撑，县职能部门桥梁纽带作用发挥不足，致使民办幼儿园师资培训处于各自为政、乱象丛生的局面；因生存发展的内在需求，一些公民办幼儿园园长或业务主管部门负责人强烈呼吁当地政府迅速整合有限的培训资源，搭建信息共享平台，培育幼师的共享意识、团队意识、合作意识，为他们的业务深度合作、成为命运共同体创造条件。

第五节　奖补资金政策运行的现实情景

普惠性民办幼儿园政策是一组资助政策，更是一组激励政策。其激励方式分为免费培训教师或适度免费培训教师，旨在拓展教师专业发展后劲；幼儿资助，意在关照入园机会，引领精神成长；奖补举办者，这既是政府对民办幼儿园提供普惠产品的认可，更是政府为其搭建专业发展的平台。这三项激励举措是政府与民办幼儿园之间"最优交易契约关系"[1]的外在表征，也是政府将一些民办幼儿园有序纳入普惠行列、提供普惠服务的一种特惠性补偿。

作为委托人的各级政府相继出台了旨在促进普惠性民办幼儿园健康发展的一系列政策。在"参与约束、激励相容"[2]的前提下，作为代理人的一些

---

[1] 孟祥松.环境成本内部化的政府激励政策研究[D].保定：河北大学，2016：34.

[2] 同上，35.

民办幼儿园积极参与普惠服务。可能委托人与代理人之间价值追求不同,双方各自追求利益最大化,二者之间可能存在利益冲突。加之,政策本身不可能涵盖各地所有问题,政策运行中存在诸多不可预期因素,应实行"激励性规制",[1]加强政策运行全程监控,追求政策运行效益的帕累托最优。

任何政策运行中都可能存在信息不对称现象,奖补资金政策亦然。作为奖补资金政策制定者的各级政府可能不清楚政策运行中的具体情况,而基层职能部门工作人员、民办幼儿园举办者具有先天的信息优势,掌握了政策运行中的大量信息,此刻倾听他们的"心语",也许会有意外的收获。

一、奖补资金分配方式、分配依据、使用方向等方面存在一些缺陷

(1) 财政局教科文股股长 JM:

奖补资金采用现金形式予以奖补,主要用于民办幼儿园改扩建、购置教玩具等。

(2) 教育体育局计财股股长 HJY:

奖补政策2011年开始执行,我们根据相关文件精神、学生人数、办园水平进行分配,采取报送制,即用相关发票来报销,以现金方式打入举办者卡中。这些奖补资金主要用于办公、设置购买、场地租赁等。

(3) 教育体育局职教幼教成教股股长 YK:

奖补资金分配是按年审等级奖、学生人数平均分配。我们曾免费赠送教玩具,现在都是现金补贴,以发票形式报销。

这也有相关文件为证,如P县财政局、教育体育局联合下达的《关于下达2013年学前教育综合奖补类资金项目中央和省级资金的通知》(P财教〔2014〕12号),该文件指出,本次奖补资金按以下三部分分配至幼儿园:等

---

[1] 孟祥松.环境成本内部化的政府激励政策研究[D].保定:河北大学,2016:38.

级奖、园舍租金、校舍维修改造、设备采购、公用经费补助，每期每生补助124元。而等级奖分为一级20 000元、二级15 000元、三级5 000元。并对资金使用方向、管理提出具体要求。该文件最后附件为《P县2012年学前教育综合奖补类项目中央和省级资金分配表》，显示：

荣获一等奖的是CC镇XHJXQD幼儿园、PN镇HLTX艺术幼儿园。

获得二等奖的是CC镇XBS双语幼儿园、CC镇DZR艺术幼儿园、DS镇BH路幼儿园。

获得三等奖的是CC镇JBB双语实验幼儿园、FA花园幼儿园、SHJ幼儿园、LY幼儿园；DS镇CL幼儿园；RL镇XX幼儿园、HN乡TX幼儿园、XGG幼儿园、HTY幼儿园；SF镇XXX幼儿园、GP镇XX幼儿园；PN镇XYY幼儿园、QL镇ZHXL幼儿园；TF镇HJ镇CX幼儿园、CL镇LJL幼儿园；MY镇GD村幼儿园；MF镇XBS幼儿园。

获得一等奖的2所，获得二等奖的3所，获得三等奖的17所，奖金共170 000元。28所没有获得等级奖，文件及其附件1：《P县2012年学前教育综合奖补类项目中央和省级资金分配表》都未解释原因。不过该文件对PN镇XX幼儿园、ST幼儿园、HLTX艺术幼儿园、QL镇PL幼儿园未按时报送幼儿资助信息的行为扣减奖补资金各1000元。

"园舍租金、校舍维修、公用经费补助"栏目中经费最高的是CC镇DZR艺术幼儿园51 225元，最低的是TF镇SG村幼儿园2 325元。共计906 550元。

"集中设备采购"栏目中经费最高的是RL镇XX幼儿园35 133元，最低的是PN镇NX乡CY幼儿园2 500元，TF镇CP村幼儿园2 500元，TF镇SG村幼儿园2 500元，TF镇SH村幼儿园2 500元，TF镇AJG村幼儿园2 500元。合计603 450元。

可见，奖补资金分配采用多因素方式进行分配，显得比较科学、合理。

从上述三位职能部门管理者诉说中得知，奖补资金分配依据：幼儿人数、年审等级，其原因在于"人数"侧重于"量"的优势，不能完全反映"质"的特征。"年审等级"是一个综合评价，更能反映"质""量"的情况，当然不排除一些人为因素，但总体评价还是比较客观的。奖补资金采用综合因素参与分配，显得比较科学、合理。

奖补资金分配方式：实有发票。其原因在于利于监管民办幼儿园投入情况，便于财务审计资金流向、资金效益。

奖补资金使用方向：办公、设备设施、租赁场地等。该资金的使用侧重于硬件条件改善，而很大程度上忽视了教师专业发展的经费支持。

不过奖补资金分配方式、分配依据、使用方向也存在一些弱点，后文有相关论述，在此不必赘述。

二、奖补资金逐渐递减，缺乏吸引力

（1）CC镇JBB幼儿园园长LD：

好像是从2013年还是2014年开始的，大约四次，金额最高的是2014年。用途分两块：学位投入，买硬件设施设备。凭发票去报销。一年几千元钱，越来越少，希望多给学校一些奖补资金。

（2）SF镇XXX幼儿园园长JDP：

得过两次，2016年6万多，不知是2017年还是2018年只有1万多。有，领起来做；没有，就算了。要求不高，多拿，园肯定办得更好，设施设备会更好。

（3）MY镇HPG幼儿园园长YY：

我记得有两次，即2017年、2018年。希望每年都有，支持民办幼儿园，希望得到关照，希望得到支持。

（4）CC镇BJL幼儿园园长YBW：

2016年以前也享受过，最早按幼儿人数分配，当时人均49元，那时我们才100多人。2016年按照两个政策落实奖补资金，加起来7万多，2017年1万多，2018年就没有了。

（5）MY镇GD村幼儿园园长LZJ：

奖补资金，我们当然希望多一点来改善我们办园条件。

（6）PN镇CX幼儿园园长LP：

2013年、2014年几千元钱，一般是4000多元，2017年又领了一回。2016年才开始评定等级。奖补资金也越来越少。

（7）CC镇XEL幼儿园园长TD：

有，也得过奖补资金，但越来越少。

（8）CC镇XBS幼儿园园长CD：

2014年开始领，每年都有，第一次3.9万多，后来越来越少，一共领过两三次。有年审等级奖，每期每生124元，以发票形式报销。

（9）DS镇JSYL幼儿园园长TY：

2018年好像没有了，前后总共两次。DS镇领了1次，1万多元，MY镇领了4500元，150多名学生。

（10）CC镇XQD幼儿园园长FHC：

可能有3~4年，多的时候几万元，少的时候几千元，2018年中断了。

（11）RL镇RS幼儿园园长ZSN：

奖补资金也得到过，逐年递减，国家规定是这样的，也没抱太大希望。

关于奖补资金越来越少，乃至停滞，笔者也曾多次请教过职能部门相关领导，如教育体育局计财股股长HJY：

全县一年最多30多万，普惠性民办幼儿园50多所，有时有的民办幼儿园有1~2万，有的2000多，少得很，杯水车薪，只能象征性地表示一点。每年资金额度不同，2016年26万，2018年没来资金了。

可见11位园长与教育体育局计财股股长道出的相关内容几乎一致。

从最初的"以奖代补"到后来的"综合奖补"，"奖""补""综合"也许缺乏国家层面的权威性解读，这给基层创造了探索政策的良机。P县奖补资金分配方案确立的依据在于年审等级、幼儿人数，初步体现出质量取向的分配方式。

奖补资金越来越少，表现出国家发展学前教育的投资方向也许发生了转移，因提供普惠性学前教育服务的责任主体应是公立幼儿园群体，只有量多、质好、价廉的公办幼儿园，也许才能更加凸显学前教育的公益性，保证我国学前教育发展的正确轨道和服务方向。正如财政局教科文股股长JM所说：

民办幼儿园奖补力度小，但民办幼儿园支持力度大也不行，它削减了公办幼儿园发展资金，挤压公办幼儿园生存空间，学前教育公益性的最终凸显也许还是要靠大力发展质优价廉的公办幼儿园。民办幼儿园本身就有一定收入。

奖补资金越来越少,预示着一些民办幼儿园加入普惠行列的积极性可能会"锐减","普惠性民办幼儿园"这个外在标签渐渐缺乏吸引力,有限的奖补资金与限价之间的矛盾日益凸显,"普惠性"与"营利性"之间界限模糊。因民办幼儿园本身生存面临诸多困境:生源竞争、价格竞争,教师劳动强度大,职业缺乏吸引力,教师流失严重,潜在风险加剧,办园成本攀升。

总之,普惠性民办幼儿园要获得奖补资金必须具备一定条件。所谓"奖"就是提供普惠性产品质量好的,给予奖励;所谓"补"就是按照国家要求提供普惠性服务,暂时存在能力限度的,国家予以补贴。不过从政策文本看,奖补资金中的"奖""补"界限比较模糊,也许模糊了二者性质。

奖补资金配置依据在于办园等级、幼儿人数,"办园等级"旨在追求办学质量,不过实际操作中办园等级侧重于硬件设施的考核,如P县教育体育局于2018年3月16日发布的《关于做好民办学校2017年度审核工作的通知》(P教发〔2018〕23号),该文件将年审时间分为两个阶段,第一阶段:即日起至2018年3月30日,各民办学校自查整改阶段。第二阶段:2018年4月2日至4月28日,县教育体育局组织有关人员到各校现场审验(具体时间另行通知)。

该文件规定了年审方式明确为现场审验需要提供的资料。

领导班子建设:学校领导班子及管理机构设置情况等。

制度建设:学校章程及人事、教学、安全管理、岗位职责等制度建设情况等。

办学投入:学校投入办学资金用于改善办学条件、购置教学及其他设施设备的有关凭证等。

保障教职工权益工作:所聘教师的教师资格证复印件,学校与教职工签订的《劳动合同》、支付工资(津贴)及为教职工购买社会保险的有关凭证等。

教育教学工作:学生学籍资料、专业(科目)设置及教学计划、学期授课课程表、教师备课本、教案等。

食品卫生安全工作:设有食堂、小卖部的学校,须提供食堂、小卖部卫生许可证、工作人员健康证复印件、食品采购索证情况、食物留样记录以及购买校方责任险凭证等。

资产及财务管理工作：固定资产统计、会计人员资格证、会计记账簿等。

家校联系、学生和家长对学校的满意度情况等。

可见因专业人员缺乏，年审方案侧重于外在的硬件设施等显性资料的审查，办园质量侧重于考察上岗资质、内部制度建设等，无法直接深入课堂了解教育教学情况。另外，纯粹现场审查资料可能存在一定程度上的形式主义工作作风，具体操作过程中也许不可避免存在一些不够透明的现象，这样可能直接影响评价的公平公正，因评价结果直接影响资金分配，这样资金分配可能存在不够公平的现象。

按"幼儿人数"来分配奖补资金，这是政府直接购买学前教育服务，直接购买学位。政府购买学前教育服务，不过民办幼儿园都没采取招投标方式而轻易获得国家奖补资金。如P县财政局、教育体育局于2016年9月27日联合下发的《关于下达2016年学前教育购买服务省级奖补资金的通知》（P财教〔2016〕35号），该文件附件《P县2016年学前教育购买服务省级奖补资金分配表》表明：本次学前教育购买服务的普惠性民办幼儿园18所，其中CC镇9所，RL镇1所，JX镇1所，SF镇1所，GP镇1所，PN镇1所，HJ镇1所，CL镇1所，WJ镇1所，HN乡1所。本次购买学位最多的是CC镇XHJXQD幼儿园170个，补助金额是51 000元，学位最少的是CL镇LJL幼儿园51个，补助金额是15 300元。学位总计1 933个，补助金额580 000元。

这种政府购买方式纯粹按照幼儿人数予以奖补，一些普惠性民办幼儿园根本没有采用竞争性招投标方式，而是直接申报、完善资料就轻松获得政府奖补资金，"奖补"的意义也许大大削弱了。

奖补资金额度渐趋减少，意在表明国家发展学前教育战略规划可能做出了重大调整，不过学前教育公益性最终凸显也许还是要靠众多质优价廉的公办幼儿园大力发展、健康发展。

第六节　资助政策运行的实践样态

资助政策运行是指将资助政策静态文本的应然性内涵呈现于鲜活的、具体的资助活动的实然状态中。此处"资助"是指根据幼儿家庭贫困程度而予以赠予性经济资助，是基于当今我国国情的一种选择性资助，也是基于我国一些弱势群体家庭现实处境的一种特惠性政策。

资助政策的逻辑起点：关照幼儿入园机会；资助政策的价值旨归：优化幼儿人生；资助政策的社会效应：成人成才回馈社会。

资助政策既是一种"物质关怀"，更是一种"精神引领"，即一种"潜移默化的内隐的教育方式"，[①]旨在让幼儿在接受经济资助的同时，让他们深深感到，比起享受"物质关照"，更重要的是使他们从小深刻地了解自己与他人、社会、自然之间的和谐关系，增强其感恩情怀，领会生命真谛。所以资助政策运行外在传递的是"物质财富"，更多的是内在的"精神激励"，旨在教育幼儿从小懂得团结互助、诚实守信、自强不息、感恩奋进，成就幸福人生。

资助政策已纳入国家扶贫政策的整体规划，是国家扶贫政策在教育领域的延伸和拓展，它更加凸显教育的特征和自身优势。政策文本仅仅表现为政策实施的一种外在形态，意味着各级政府及其职能部门在逐步实施，而静态的政策文本具体推动的过程，政策效益渐趋呈现的过程，众多政策参量、政策因素参与其中的复杂过程，这才是政策实施的最鲜活、最丰富的现实状态。

---

① 赵贵臣.我国大学生资助政策体系的德育功能研究[D].长春：东北师范大学，2011：30.

一、一些信息交流渠道不够畅通

财政局教科文股股长JM：

资助政策为中央、省拿一部分钱，地方再匹配一部分，资助面10%，每人每月100元，1年1000元。我们根据教育部门测算，财政部门来匹配。上级来多少钱不知道，以2018年为例，总共需要120万元，县级财政投入保教费减免补助资金90万元，估计上级财政来50万元，结果上级财政配套90万元，因上级一直没有来钱，又要求按进度推进，上级专款又必须专用，也许教育部门扩大了资助面。政策运行程序是年初预算报上去，按预算执行，假如预算中上级财政该来1300万元，万一上级来不了1300万元，无法完全执行资助任务。

P县财政局、P县教育体育局于2018年3月28日联合下发的文件，该文件指出：根据《S省财政厅、S省教育厅关于下达2018年中央支持学前教育发展专项资金提前通知部分的通知》（C财教〔2028〕16号）文件精神，现将2018年春季学前教育减免保教费资助资金90.18万元（中央资金41万元、省级资金49万元、县级资金0.18万元）下达给各幼儿园和有关学校。

上述访谈者道出一个问题：上下级业务部门之间缺乏相关信息交流平台。资助政策是一项民生工程，必须按质按量执行。不过县级财政部门是基层资助政策执行单位，无法准确、及时获取上级部门相关信息，诸如资助资金下达额度、时间，这样直接影响年初预算上报方案预期值、县级财政投入额度、政策推进进度等。因P县主要是靠财政转移生存的革命老区，财力紧张，学前教育资助政策又是一项非常严肃的民生工程，须按年初预算安排的进度推进，不过县级财政"有心无力"。上级财政下达也存在诸多问题，诸如经济下行，财力状况也存在诸多不可预测因素。中央、省级对县级学前教育发展专项资金的划拨采用激励机制，有一套比较科学的考核方案，其评价指标包含县级财政投入，所在县是否属于国家级贫困县，全县人口总数，幼儿人口总数，一年内中央、省、市业务部门检查评估后，综合考核分数，最后根据各项考核指标分别考核量化，再根据具体考核分数采用激励机制，予以财政奖补。我国行政管理体制纵向与横向职能部门分工存在差异，这不可避免存在一些信息采集渠道不够畅通或信息传输不够及时的问题，给基层政府或业务部门推行相关政策带来一些盲目性、不可预期性。

二、非建档立卡对象资助标准没有体现"精准扶贫"

（1）CC镇WLX幼儿园园长XXF：

农村生活确实困难，资助标准应该高一点。

（2）CC镇XQD幼儿园园长FHC：

资助金额应向贫困地区、偏远地区、农村倾斜。

（3）CC镇XEL幼儿园园长TD：

贫困家庭幼儿多发几百，不太贫困的家庭幼儿少发几百。

（4）PN镇小学附属幼儿园老师WYZ：

非精准扶贫对象一律500元，没有梯度，显得不公平。

（5）CC镇BJL幼儿园园长YBW：

非建档立卡对象都是500元，没有差异，显得不够公平。资助标准应调高一点，特别困难的家庭幼儿待遇就要好一些。

（6）教育体育局计财股副股长ZXG：

建档立卡对象据实减免，非建档立卡对象多年一直是500元。在非建档立卡对象群体中确实存在贫困成因、贫困程度不同，同一个资助标准没体现出贫困差异。

S省财政厅、S省教育厅于2011年10月17日联合出台的《关于加大财政投入支持学前教育发展的通知》（C财教〔2011〕224号），该文件指出，从2011年秋季学期起，建立我省困难儿童学前教育资助制度。具体政策是：对经县级以上教育行政部门审批设立的普惠性幼儿园的在园家庭经济困难的儿童、孤儿和残疾儿童，每人每月减免保教费100元（当前阶段减免资助面控制在在园儿童总人数的10%以内），减免的保教费由政府财政对幼儿园给予补偿。这里资助对象是三类：家庭经济困难儿童、孤儿和残疾儿童。资助比例：每人每月减免保教费100元。

S省教育厅、财政厅、人力资源和社会保障厅、扶贫移民局于2016年5月23日联合下发的《关于实施建档立卡贫困家庭学生资助政策有关具体事项的通知》(C教函〔2016〕277号),该文件强调:从2016年春季学期起,对全省除民族自治州、自治县以外的其余132个县的建档立卡贫困家庭在园幼儿据实免除保教费。其中在公办幼儿园就读的建档立卡贫困家庭幼儿,按照实际收费标准据实免除;对在教育主管部门批准设立的民办幼儿园就读的建档立卡贫困家庭幼儿,按当地同类型公办幼儿园免费补助标准给予等额补助,其收费标准高于财政补助标准的部分,由幼儿家庭承担。建档立卡贫困家庭在园幼儿按学籍进行统计和资助,跨县就读的幼儿由户籍地提供建档立卡贫困证明,在就读地享受资助。该文件规定的资助标准:建档立卡贫对象据实免除,非建档立卡贫对象没有明确。它将原来的资助对象三类——家庭经济困难儿童、孤儿和残疾儿童分为建档立卡、非建档立卡两类,实行分类资助,体现精准扶贫。

资助标准在P县也有一个演进过程。P县财政局、P县教育体育局于2013年10月15日联合出台了《关于下达2013年秋季学前教育"三儿"资助省财政补助资金的通知》(P财教〔2013〕37号),该文件对"资助范围和标准"界定为经县级以上教育行政部门批准设立的普惠性公、民办幼儿园和中小学附属幼儿园的在园家庭经济困难儿童、孤儿和残疾儿童,标准为每人130元。

P县财政局、P县教育体育局于2014年2月25日联合出台了《关于下达2011—2013年学前教育"三儿"资助中央和省级追加补助资金的通知》(P财教〔2014〕13号),该文件指出,经县级以上教育行政部门批准设立的普惠性公、民办幼儿园和中小学附属幼儿园的在园家庭经济困难儿童、孤儿和残疾儿童,标准为每人455元。

《P县2011—2013年学前教育"三儿"资助省级资金安排表》显示:2011秋—2012春,FX小学3人,金额780元。2012秋—2013春,XH小学3人,金额780元。这里没明示资助标准,其实是每人260元。

P县财政局、P县教育体育局于2015年5月6日联合下发的《关于下达2015年春季学前教育"三儿"资助补助资金的通知》(P财教〔2015〕21号),该文件对资助对象、资助标准予以明确:经县级以上教育行政部门批准设立的普惠性公、民办幼儿园和中小学附属幼儿园中,2015年春季在园的家庭经济困难儿童、孤儿和残疾儿童，标准为每人每月100元。至此非建档立卡对象每学期资助500元的标准基本固定下来。

非建档立卡对象是一个较大的群体，其贫困成因、贫困程度各异，能否将资助标准做出比较切合实际的调整？

教育体育局计财股副股长ZXG：

资助标准500元不好细化，因操作太多，风险更大。只要有弹性，就有人操作。

PN镇小学附属幼儿园老师WYZ：

同一个标准确实也不好，不公平，调整可能不好操作。

上述访谈者反映出一个问题：以同一个资助标准来量化所有的资助对象，肯定不公平，那么，是否可以调整资助标准？调整资助标准的难度到底如何呢？

因非建档立卡政策客体多，诸如离异家庭儿童、农村留守儿童、家庭成员残疾的儿童、家庭成员长期患病的儿童、家庭发生重大自然灾害的儿童等。政策客体多，政策运行成本高，政策顺利运行难度较大。

要准确确立资助标准，须对这些政策客体的贫困程度进行界定；要对其贫困程度进行界定，须对其贫困成因、贫困程度进行分类梳理；而贫困程度的界定立足于家庭的收入情况，家庭收入属于个人隐私，要准确、全面、深刻地调研家庭收入情况，须有相应的法律、政策依据。且家庭收入成分比较复杂，如家庭年度预期收入=工资性收入（务工）+家庭经营性收入（种植、养殖、加工、经商、运输）+转移性收入（政策性、保障性、赠予、保险）+财产性收入（土地租赁、房屋租赁、利息、股份收入）。[1]这不仅要耗费政策运行主体大量的人力、物力、财力，而且采集到的信息也不一定真实可靠；更重要的是目前我国正缺乏这些法律、政策依据，给政策客体贫困分类定级、精准扶贫带来一定难度。所以政策运行主体采集相应信息就存在信息渠道不够畅通，贫困程度无法准确确立，资助标准也就无法准确认定，实施分类资助、精准扶贫就显得难度很大。

---

[1] P县脱贫攻坚指挥部办公室.脱贫攻坚结对帮扶手册，2017：30.

三、临界贫困标准不够明晰，实际操作难度较大

（1）CC镇XEL幼儿园园长TD：

我觉得临界贫困标准没有一个硬性指标，很难操作，只有这么几个名额，所以实际操作存在一定难度。

（2）CC镇CC幼儿园园长DL：

临界贫困标准不够清楚，我们实际操作只能根据概况，因它没有具体标准。

（3）MF镇幼儿园园长LLF：

识别对象有难度，原因在于临界贫困没有一个明确的标准，仅仅局限于一些纸质材料，学校操作存在一些困难。

（4）CC镇YGC幼儿园园长ZML：

贫困标准很难界定，同一生活水平线的人很多，上面没有一个精准的标准来让我们精准地认别政策客体，这很为难我们。

P县脱贫攻坚指挥部办公室编写的《脱贫攻坚结对帮扶手册》显示，以贫困户年人均纯收入稳定超过当年国家贫困标准（按2010年2 300元不变价计算，2015年2 855元，2016年3 100元，2017年暂定3 300元）。脱贫标准是刚性的，不过临界对象就很多，客观上资助客体的精准识别确实存在一定难度。

上述四位园长的苦恼可以理解，他们也道出了一个问题：临界贫困标准不够清晰，进而导致资助客体识别存在一定难度。这说明贫困程度把握不够准确，导致资助客体遴选存在难度。这里存在一个具体问题：贫困程度基于家庭收入，家庭收入结构复杂，政策运行主体要深入、全面对其调研，这必定耗费大量人力、物力、财力；且资助客体的家庭实际收入一般不会如实告知，这是个人隐私，属于法律保护范畴。不过目前我国还缺乏相应法律、政策依据。

政策运行主体只能现场走访，了解政策客体的现实生活状况，访谈附近邻居等多种途径也许才能全面、深入地了解他们家庭实际收入。管理者要深入、全面、准确地了解政策客体的家庭实际收入，须有相关法律、政策做出

权威性的解读。不过目前还存在法律真空、政策盲区，所以临界贫困标准难以准确确立，进而导致资助客体精准识别存在一定难度。

四、资助比例对现实关照不够

（1）CC镇BJL幼儿园园长YBW：

我们学生多，名额少，500多名学生，45个名额，贫困程度相近的非精准扶贫对象只能轮流享受资助。CC幼儿园、JG幼儿园也是同样的资助比例，它们全县唯一的两所省级示范公立幼儿园，在此就读的大多是家庭条件较好的幼儿，为什么它们也被分配这么多名额？即使给，名额可少一点。它们拿到的指标反而还是一个烫手山芋：一是不敢上交，二是不能在校际调剂。最后强行给一些幼儿，这又产生新的不公平现象。

（2）CC镇JGG幼儿园园长WY：

上学期19个学生，2个指标。指标少，符合要求的人太多，只能资助一部分幼儿。

（3）WJ幼儿园园长CCH：

农村学校指标少，资助比例不应该"一刀切"。农村、乡镇、县城的资助比例应有所区别。

（4）CC镇GJ幼儿园教导主任CXM：

我们是省级示范公办幼儿园，在园就读的大多是家庭条件比较好的。有时候指标拿到手上不好办，不能上交，不敢私下调剂。有时候我们主动把指标给在此就读的两姊妹，人家还不要，怎么办？就只能给符合条件的本园教师、保育员的子女，否则不好办。

（5）MY镇GD村幼儿园园长LZJ：

我们园去年77人，8个指标，希望资助比例再大一点，农村困难儿童较多。

资助比例早有政策明确规定，如S省财政厅、S省教育厅于2011年10月17日联合出台的《关于加大财政投入支持学前教育发展的通知》（C财教

〔2011〕224号），该文件指出，从2011年秋季学期起，建立我省困难儿童学前教育资助制度。具体政策是：对经县级以上教育行政部门审批设立的普惠性幼儿园的在园家庭经济困难儿童、孤儿和残疾儿童，每人每月减免保教费100元（当前阶段减免资助面控制在在园儿童总人数的10%以内）。

S省财政厅、教育厅、人力资源和社会保障厅、扶贫移民局于2015年12月3日联合下发了《关于实施教育扶贫攻坚政策有关事项的通知》（C财教〔2015〕230号），指出：从2016年春季学期起，将四大片区中除民族地区以外的其余34个贫困县的幼儿保教费减免面由10%提高至20%，减免标准为每生每年1000元。从2016年春季学期起，将全省除民族自治州、自治县以外的其余132个县的建档立卡贫困家庭幼儿，全部纳入面上的保教费减免范围，并据实免除保教费。

从上述政策客体反馈情况来看，P县政策运行主体在县域内对资助比例做出了一定的调整。

上述五位园长道出了一个共同问题：资助比例对资助客体的现实情况关照不够。其根本原因在于资助比例的调整并非易事。政策运行主体须对县域内的资助客体进行全面、深入的了解。通过全盘摸底后，着手资助比例方案初稿的拟定；初稿形成后仍须回到现实生活中倾听资助客体的意见或建议；同时提交到县人大、政协、纪委、监委、财政、民政、扶贫办等单位，广泛听取其意见或建议；政策运行主体再对其意见或建议一一梳理，再来修改初稿，最终形成比较正式的政策文本；最后提交县委常委会集体研究决定，常委会决定后公布实施。这是一个耗时耗力耗费的漫长过程，政策运行成本较高，作为政策运行主体的职能部门也是"理性经济人"，必须考虑政策运行的成本、政策效益，所以资助比例调整的政策文本诞生的成本较高，相关职能部门一般不会轻易调整资助比例。

再者，资助比例调整过程中，或存在政策方案疏漏之处，一些民办幼儿园基于自身利益的考量，必定会暗中寻求自己利益表达的结构，尽量争取更多的资助比例以稳定生源，进而获取稳定利益。

另外，资助比例的变动是基于贫困程度的准确认定，因资助客体的家庭收入的准确信息采集渠道不畅，因家庭收入信息属于个人隐私，严格受法律保护；即使要准确获得这一信息，须具备相关法律、政策依据，否则很大程度上属于侵权行为。所以面临诸多不利因素，作为政策运行主体的职能部门一般不会去轻易变动资助比例。

总之，因信息采集渠道不够畅通，致使上下级职能部门之间沟通存在一定的障碍，业务工作推进存在一定盲目性。国家至今未出台临界贫困认定标准，导致基层单位精准识别资助客体难度较大，也未体现精准扶贫。同时也给资助比例的科学划分带来难度，一方面指标过剩，消化不良，造成公共资金流失；另一方面，指标太少，僧多粥少，本该享受资助的没能享受资助，又产生新的不公平，一定程度上可能激发社会矛盾。综上所述，出台政策后，国家职能部门应深入实地全面、广泛地调研，对政策客体的致贫原因、贫困程度分别梳理，建立数据库；同时国家颁布权威的贫困认定标准，尤其是临界贫困认定标准，为保障贫困认定信息的准确、真实、有效，国家必须颁布相应的法律、政策，为其保驾护航。只有这样，才能真正体现精准资助、精准扶贫。

本章小结

本章主要呈现了普惠性民办幼儿园政策运行的实践样态。首先，解读普惠性民办幼儿园政策特征；其次，简单勾勒P县社会发展概况、教育发展历程，尤其是学前教育发展简况；再次，近距离、全景式再现幼师培训政策、奖补资金政策、幼儿资助政策运行的现实样态。

第三章
普惠性民办幼儿园政策运行现状的影响因素分析

任何事物,必定有其存在的合理性。普惠性民办幼儿园政策运行的实践样态背后,必定有其深刻缘由。现在我们透过政策运行样态的外貌,直接深入其底层剖析其深刻缘由。笔者认为,政策运行样态缘由既有政策运行主体因素,也有政策运行客体因素。

第一节 普惠性民办幼儿园政策的运行主体

普惠性民办幼儿园政策要在P县健康、有效地运行,自然离不开政策运行主体的主观努力。政策运行主体不仅局限于P县职能部门直接推动政策运转的管理者，还包括政策目标群体。如果没有政策目标群体的信服、接受、配合，政策目标就难以达成。所以本书所说的政策运行主体是指P县职能部门管理者和政策目标群体。

在他们推动实施运行前，要首先对政策有一个初步的认知，而他们的政策认知水平主要表征为他们所掌握的政策信息量、政策理解水平。政策信息量、政策理解水平往往受到他们自身知识经验、生活环境、教育背景、政策信息、认知目标等诸多因素的影响，更重要的是任何主体的认知都是一个渐进的过程，其中可能会存在或多或少的认知缺陷。

一、普惠性民办幼儿园政策运行主体认知缺陷分析

（一）认知

认知（cognition）即认识、知晓，是"指人的认知活动，包括知觉、记忆、思维、想象、学习、语言理解和产生等心理现象。认知过程是一种信息加工过程，可分为刺激的接收、编码、储存、提取和利用等一系列阶段"。[1]认知是主体的机能，是主体意识活动的外在表征和结果。认知的最本质特征不仅体现在获取信息"量"的多少，更重要的是对信息"质"的把握，体现在信息的特性、准确性等方面的分析、判断、处理的能力上。

（二）普惠性民办幼儿园政策认知

普惠性民办幼儿园政策认知是指政策运行主体对政策的认识、理解的过程。作为政策运行主体对其信息进行加工处理的复杂的一种心智活动，普惠性民办幼儿园政策认知的完整过程大致说来，包括以下几个基本环节：

---

[1] 车文博.心理咨询百科全书[M].长春：吉林人民出版社，1991：128.

1.感知

普惠性民办幼儿园政策感知是指政策信息因子通过政策运行主体的感觉、视觉、听觉等接受政策信息的"通道",将这些政策信息因子输入主体"大脑",政策运行主体获得相关信息后,根据自己已有的知识、经验对此做出初步的感知。感知是政策认知的起点,也是政策运行主体与政策文本进行信息交互作用的过程。

2.选择

普惠性民办幼儿园政策选择是指政策运行主体基于自己原有的思维方式、价值观念等对新输入的政策信息因子进行价值判断,遴选自己初步确定的"认知目标"和信息客体。这一过程体现出政策运行主体对外界输入政策信息因子的态度、倾向和取舍过程。

3.加工

普惠性民办幼儿园政策加工是指经过选择后,政策运行主体获得了相关的政策信息因子,将其归入自己的思维领域,再对其加工处理。如果加工后这些政策信息因子与原有认知结构相吻合,就被原有认知结构所吸纳,即所谓的"同化"。如果加工后这些政策信息因子与原有认知结构不吻合,且原有认知结构不足以吸纳它,就随即调整原有认知结构来适应这些政策信息因子的特性和要求,即所谓的"顺应"。从本质上讲,普惠性民办幼儿园政策加工过程本身包含对相关政策信息因子的重组、建构的过程。

4.领会

普惠性民办幼儿园政策领会是指政策运行主体在对政策信息因子加工处理的基础上对其做出阐释。政策运行主体是基于自己原有知识、经验去解读、认知这些政策信息因子。原有的知识、经验是构成思维模式、价值观念的前提条件和物质基础。这些知识、经验与思维模式、价值观念一道融合成政策运行主体的思维定势。他们凭借已固化的思维定势来认知相关政策信息因子、选择认知目标、信息客体。

上述普惠性民办幼儿园政策运行主体认知的四个阶段具有明显的主观性特征,正是这些主观性特征导致政策运行主体在认知政策过程中可能会存在一定的主观局限性。

（三）普惠性民办幼儿园政策运行主体认知缺陷表现

1.政策对象识别不准

P县教育局于2014年出台的《P县2014年"国培"骨干教师短期集中培训项目送培名额分配表》，其中"幼儿园骨干教师短期集中培训"这样规定：

第一，XH师范大学组织培训，参培学员6名，其中CC幼儿园、JG幼儿园各两名，TF镇教育督导组、MY镇教育督导组各1名。

第二，XN大学组织培训，学员5名，DS镇教育督导组、MY镇教育督导组、RL镇教育督导组、PN镇教育督导组各1名。

何为"幼儿骨干教师"？笔者认为，所谓幼儿骨干教师应是在幼儿教育教学第一线、教育教学业绩突出、教育教学声誉很好的教师。

笔者在田野考察中发现，教育督导组成员结构不合理，原来中小学校长、副校长、主任或中小学的骨干教师，大多是"关系户"，没有一个是学前教育出身的管理者。本次指派这些人作为幼儿骨干教师参培，首先名不副实，其次还是学用分离。他们侧重于行政管理，质量管理基本缺位。即使亟须提升其专业技能，笔者也认为，当前幼师培训资源极端短缺，最好将稀缺的资源用于第一线幼师身上，这也许是最佳政策方案，也许会释放出最大政策效益。

任何一项政策都有其特定的适用范围、政策对象，政策运行中如不能准确界定政策界限、精准识别对象，常常会导致一些真正的政策目标群体被剥夺了享受政策利益的权利，而一些不该享受政策利益的人反而享受了政策利益，这是政策运行中的"变形走样"，政策目标难以达成。这实际上造成了社会价值的相对剥夺，浪费了宝贵的社会公共资源，一定程度上激发了社会矛盾，产生新的不公平现象。

2.政策内涵不够理解

普惠性民办幼儿园政策要顺利地运行，政策运行主体必须对政策内涵有一个基本的认知。

笔者前期调研中曾以"普惠性幼儿园"概念访谈了60位普惠性民办幼儿园园长（含副园长或教导主任等），她们的解读现仅选几个案例具体说明。

CC镇BJL幼儿园园长YBW：

这个概念比较模糊，具体内涵我不了解。

CC镇XBS幼儿园园长CT：

不属于高收费，普通家庭都能接受，园所要求都要达到标准，贫民群众都能接受的幼儿园。

CC镇SHJ幼儿园园长WDX：

大众化，低收费，一般人能接受的幼儿园。

CC镇HPG幼儿园园长YJ：

大多数贫民都能上的幼儿园。

CC镇CC幼儿园园长DL：

首先是收费低，相对于高端幼儿园而言，面向大众（主要是中低收入人群），让人们得到最大实惠的幼儿园。

上述5位园长是基于自己认知而做出的解读，可见没有一位园长能比较完整、准确地理解这一概念。

（四）普惠性民办幼儿园政策运行主体认知缺陷产生的根源

任何行为的出现都必定有其缘由，普惠性民办幼儿园政策运行主体认知缺陷的产生背后必有其缘由。

1.政策运行主体认知的主观性特征导致其选择性接受政策文本信息和个性化解读政策文本信息，这是产生认知缺陷的根本原因

作为认知主体的普惠性民办幼儿园政策运行主体的认知活动是通过其大脑对作为认知客体的政策信息的选择、加工、领会而实现的，二者之间构成一对矛盾。其矛盾的外在表征为政策运行主体的认知结构基于原有的知识、经验、思维方式等对输入大脑的政策信息进行比较、选择，即这些原有的知识、经验、思维方式等决定了其认知过程具有一定的方向感、选择性。因此，政策信息主体的认知结构决定了他们只能对其所感知的信息客体的某些方面的刺激做出反映。

因政策运行主体对政策信息刺激的反映不是全单照收，很可能对政策信息做出创造性理解。政策信息的创造性理解分为组合式认知、歪曲式认知两种表现形式。

组合式认知即认知主体根据其认知结构原有的知识、经验、思维方式等

对信息客体进行加工处理，并对其做出解读。因政策信息组合中认知主体主观性的介入，认知中的政策信息可能发生变异，即政策认知主体对政策信息客体的认知可能存在信息失真状态，外在表征为政策运行中的走样、变形。

政策是一种对社会价值、公共资源进行权威性分配的分配方案和确认方式，同时政策往往与政策运行主体的利益密切相关，且政策运行主体都具有"理性经济人"逐利的人性特征，这种人性特征很有可能体现在认知过程中，因此，政策运行主体对政策信息认知时通常会基于利己的动机来操纵其认知过程，致使信息客体往往以扭曲的形象植入政策运行主体大脑，最终政策运行主体大脑呈现的就是一幅颠倒、歪曲的认知图景，即歪曲式认知。

2.政策运行主体自身文化素质偏低也是造成其认知缺陷的一个原因

政策运行主体要正确认知相关的政策，必须具备相应的文化素养，否则会带来认知的局限性和行为的偏差。

笔者在调研中得知，全县50所普惠性民办幼儿园，举办者学历结构为大专、中师（含中专、高中）。其中大专14人，中师（含中专、高中）36人。学历仅仅表征其学习经历，不完全代表文化素质。不过笔者通过与他们多次交流发现，她们不仅专业知识严重缺乏，而且身为教师必备的一些文化知识极度缺乏，诸如对政策内涵的解读，对音乐、美术、书法、舞蹈等知识几乎无知者比例偏大。如TF镇教育督导组主任XJQ所说：

辖区内幼师准入标准与国家标准相差甚远。专任教师53人，学历合格的47人，合格率为88.9%，专业合格的19人，合格率为35.8%。身为幼儿教师，理应熟练地掌握本体性知识，即教育教学的专业知识以及与此紧密相关的美术、音乐、书法等文化知识，这是对作为一位合格幼儿教师基本素质的基本要求。但是在我们辖区，一些幼儿教师不仅专业知识缺乏，音乐、美术、书法等文化知识极度贫乏，致使教学方式相当陈旧、落后，大多只靠一块黑板、一支粉笔。尤其是一些民办幼儿教师本身素质、教育教学质量更是令人担忧。因其极度缺乏专业知识、与此相关的文化知识，一些民办幼儿教师只能迎合一些短视家长的需求，传授一些书本知识。其根本原因在于：一是本身教师个体素质不合格；二是"客户"需求，推动了"知识化教学"市场发育，利于一些民办幼儿园争夺生源，赢得利润。这种方式教学，既违背了幼儿教育、成长规律，又忽视了幼儿基本素质的培养和良好习惯的养成，导致一些幼儿过早厌学，影响其健康成长。

可见她们因自身文化素质不高，导致对政策内涵随意性、浅表化解读。更重要的是因自身音乐、美术、书法、舞蹈等文化知识严重短缺，无法正确引导幼儿开展一些户外活动或室内活动，只能迎合部分家长的需求，从事一些知识化教学，这也是因她们自身文化素质偏低而助推知识化教学的内在原因。所以文化素质偏低会直接影响政策运行主体对政策信息的正确认知。

3. 政策信息的载体——语言文字意指不够明确，也会造成政策运行主体认知缺陷

任何政策文本的认知、传播、解读离不开其承载工具——语言文字，任何一项政策要高效地运行，政策信息的载体——语言文字须指代明确，正如生活中人们的交流、交往一样，若交流、交往的载体指代不明，那就难以沟通，难以达成交流、交往目标。而汉文字是一种表音表意的文字，一般而言，一些汉字有几种意义，如本义与喻义、广义与狭义、字面义与引申义、表层义与深层义等。语言可分为精确语言与模糊语言、体态语言与声音语言、口语与书面语等。因此，假如政策文本中存在一些模糊语言，意指不明，不同的政策运行主体基于自己不同的知识背景、生活阅历、认知动机、认知目标、认知方式等会产生不同的政策信息解读。

如《关于实施教育扶贫攻坚政策有关事项的通知》（C财教〔2015〕230号），指出：从2016年春季学期起，将四大片区中除民族地区以外的其余34个贫困县的幼儿保教费减免面由10%提高至20%，减免标准为每生每年1000元。这里"保教费减免面由10%提高至20%"的"面"未做具体界定，不同的政策运行主体会有不同的解读。

二、普惠性民办幼儿园政策运行主体中层认同分析

（一）认同

正确地认知政策是政策运行主体有序、有效实施政策的必要前提，一项

政策运行是否有效，关键在于政策运行主体，尤其是作为政策目标群体的政策运行主体是否认同，本研究的政策目标群体是指普惠性民办幼儿园的相关人员、家长或监护人，他们对政策的认同是政策有效运行的关键因素。认同（identity）即认知主体认识到与认知客体具有某方面的同一性，"承认是同一的"，[①]通俗的解读就是认知主体对认知客体的认可、赞同。

（二）普惠性民办幼儿园政策认同

普惠性民办幼儿园政策认同是指政策运行主体认识到自己与政策某一方面存在同一性，即政策运行主体对政策的认可、赞同。从本质上讲，普惠性民办幼儿园政策认同就是作为政策运行主体的政策目标群体对政策产生的一种顺从、依附之情，也是政策运行主体对政策的一种态度表征。普惠性民办幼儿园政策认知是认同的基础。从广义上讲，普惠性民办幼儿园政策认同不仅仅局限于对政策的认同，还包括对政策制定者、政策执行者的认同。普惠性民办幼儿园政策认同还与政策认知、政策情感、政策信服、政策评价等有着密切的关系。

普惠性民办幼儿园政策认同是指政策运行主体对该政策秉持的一种积极的主观反映和行为倾向。一般说来，政策运行主体对所运行政策的认同根据其认同日趋深化的程度可分为深层认同、中层认同、表层认同。

普惠性民办幼儿园政策深层认同是指政策运行主体准确、全面地理解政策的内容、精神实质而产生的一种积极的情感，它侧重于追求政策运行给自己带来的精神层面的最高享受而积极参与政策运行而获得的一种心理愉悦和满足。

普惠性民办幼儿园政策中层认同是指政策运行主体对政策的一些浅表性认知或选择性认知，它是基于政策运行主体追求政策运行带给自己的眼前利益和满足短暂的物欲而产生的一种主观反映。由于它过分注重物质利益，认同定力不稳，因此随着政策的调整或变动，政策运行主体会迅速改变认同方

---

① 罗竹风.汉语大词典（缩印本）（下）[M].上海：汉语大词典出版社，1997：6613.

向或降低认同度。

普惠性民办幼儿园政策表层认同是指某些政策运行主体的利益诉求与政策利益指向相矛盾时，他们对政策产生的一种消极评价和抵触情绪，外在行为表征为应付敷衍，为了逃避惩罚而常常表面应付而缺乏内在的积极动力，它是迫于外在压力而被迫做出的一种被动的、消极的主观反映，它是一种表层认同。

笔者通过近6个月的田野考察发现，普惠性民办幼儿园政策在P县运行中，作为政策目标群体的普惠性民办幼儿园相关人员、家长或监护人对该政策的认同表现属于中层认同。

（三）普惠性民办幼儿园政策运行主体中层认同表现

普惠性民办幼儿园政策运行主体对政策的认同程度，反映了作为政策运行主体的政策目标群体——普惠性民办幼儿园的相关人员、家长或监护人对政策的关注程度，因该政策是一组惠民政策，政策目标群体对此有一定程度的认同和关注，现将笔者调研中得知的政策目标群体中层认同具体情况分述如下：

1. 普惠性民办幼儿园园长高度关注奖补资金

CC镇HPG幼儿园园长YJ：

奖补资金领了三四次，好像是2013、2014年开始发放的，教育局按学生人数划分。希望奖补资金政策大力扶持我们民办幼儿园。

CC镇WLX幼儿园园长XXF：

听说以前也有，希望继续执行下去，按比例享受，越多越好。

MF镇XBS幼儿园园长TY：

希望奖补资金力度大一点。

TF镇BHL村幼儿园园长ZQH：

得到过政府补贴，通过奖补、购买服务等补贴民办幼儿园，不过这只是杯水车薪。

2. 部分家长或监护人希望得到资助

CC镇XBS幼儿园园长CD：

开始施行资助政策时一些家长不想要资助，现在一些家长主动要资助。我只能说，符合条件的才能享受。

DS镇JSYL幼儿园园长TY：

部分家长主动要，最后如没得到资助，有些家长故意"找事"。我们不想管这些事情，真的不想管。

MF镇小学附属幼儿园园长YY：

不管"穷"的"富"的都想要，有的每个学期都想要，但其又不是建档立卡的对象。

CC镇BJL幼儿园园长YBW：

很多家长都想要，我们不好办。

CC镇DZR艺术幼儿园园长ZCX：

有些家长主动与老师交流，想得到资助，希望老师考虑。

PN镇JBB幼儿园园长LJ：

因指标少，每个人都想要。再富裕的都想要资助，有些事不好办。

（四）普惠性民办幼儿园政策运行主体中层认同产生的根源

普惠性民办幼儿园政策运行主体中层认同呈现出以上具体情景，背后必定有其深刻的缘由。笔者认为：

1.普惠性民办幼儿园政策目标与政策群体目标的契合度影响政策认同

普惠性民办幼儿园政策要顺利运行，仅靠职能部门工作人员的努力推动远远不够，还须充分调动政策目标群体的参与积极性，而他们积极参与的前提就是他们对政策的认同，而他们对政策的认同是以政策目标与他们追求目标的契合度为基础的，二者契合度的大小直接决定他们认同水平的高低。毛泽东主席曾说："凡属正确的任务、政策和工作作风，都是和当时当地的群众要求相适合，都是联系群众的；凡属错误的任务、政策和工作作风，都是和当时当地的群众要求不相适合，都是脱离群众的。"[1]

---

[1] 毛泽东.毛泽东选集（第3卷）[M].北京：人民出版社，1991：1095.

第三章　普惠性民办幼儿园政策运行现状的影响因素分析

普惠性民办幼儿园政策是一个政策组合，它通过三种途径来达成目标：幼师培训在于打造"软件"，奖补资金政策旨在打造"硬件"，资助政策以稳定和扩大生源为目的。这一组合政策旨在扩大学前教育资源增量，优化学前教育结构存量。从理论上讲，这一政策目标也许直接契合政策目标群体目标的内在需求。

笔者调研中得知以下相关情况。

TF镇BHL村幼儿园园长ZQH：

希望国家支持我办一所比较大的幼儿园，免费帮我培训教师，我多请几个教师，会办得更好。

CC镇YGC幼儿园园长ZML：

政府在财力、物力上应加大扶持力度，对公民办园一视同仁。民办幼儿教师渴望职称评定。

CC镇BJL幼儿园园长YBW：

希望国家给予教师工资、社保补贴。

SF镇XXX幼儿园园长JDP：

我们希望得到国家更多的优惠政策，利用假期让教师参加更多的培训。

MY镇GD村幼儿园园长LZJ：

我们希望主管部门给我们提供一些免费培训，让我们有机会多学习先进的理论知识来办好我们乡村幼儿园；希望政策能多给一些资助指标来稳定我们的生源；我们也希望多一点奖补资金来改善我们的办园条件。

CC镇QH幼儿园园长HYS：

现在我们是营利性幼儿园，渴望变成普惠性民办幼儿园，更渴望有教师培训的机会。

DS镇JSYL幼儿园园长TY：

国家应加大对公民办园的投入，尤其是偏僻的农村幼儿园。建立民办幼儿园退出机制。

CC镇JBB幼儿园园长LD：

希望国家给老师工资补贴、社保补贴，让她们未来生活有保障，老师工作也有信心。

RL镇RS幼儿园园长ZSN：

对教师进行专业培训，尤其是民办幼儿园园长要好好提升其专业水准，办教育不能误人子弟。

以上9位园长的坦率之言，均是基于各自利己动机而提出的利益诉求。从其鲜活的话语中可大致获得如下信息：教师培训、教师补贴、国家投入，最终归结为一点，即生存、发展。教师培训，国家正按政策稳步推进；国家投入是以购买服务、以奖代补等方式给予普惠性民办幼儿园一定的扶助；教师补贴，暂时未尝试。当然国家财力与这些普惠性民办园举办者预期之间存在一定的距离，有些利益诉求因财力限度暂时无法满足，只能在经济条件逐渐好转的前提下逐渐满足其合理需求。可见政策目标与政策客体目标基本一致。

2.政策目标群体对部分政策主体缺乏信任

"信任"是并列式词语，"信"在汉语中的意义侧重于"诚信、信实、真实、诚实"等，"任"在汉语中的意义则是"任务、担当、任用"等。"信任"就是"相信并加以任用"，[1]说明交流或交往主体一方相信另一方的人品或能力，才能予以任用。"信"是"任"的前提。

汉语"信任"相对的英语是"trust"，其含义为"对别人的诚实、完整、性格、力量、正义感等或对事物的性质、质量等的深信不疑"。[2]

综合以上对"信任"的解读，"信任"是基于交流或交往的内在需求，旨在意义建构和价值追求的基础上而在交流或交往主体间建立的一种信用关系，更重要的是在于减少社会交流或交往成本、增强交流或交往的效益、建立公共制度、建构诚信文化而形成的一种社会心理预期。

笔者在调研中得知，作为普惠性民办幼儿园政策的政策目标群体目标——普惠性民办幼儿园相关人员、家长或监护人，他们对职能部门部分工作人员存在信任缺失。

如CC镇BJL幼儿园园长YBW：

关于奖补资金，听说国家拨了专款，职能部门是否挪用了专款？听说

---

[1] 罗竹风.汉语大词典（缩印本）（上）[M].上海：汉语大词典出版社，1997：600.

[2] 王同亿.英汉辞海（下）[M].北京：国防工业出版社，1990：5656.

S市市中区2018年都有奖补资金，为啥我们没有？听说我们县每年奖补资金100多万，是否被他们挪用了，又找钱去填？

CC镇QH幼儿园园长HYS：

不准幼儿园办特色班、兴趣班，为什么培训机构可以办，我们民办幼儿园不能办呢？总之，当地政策不明确，不明朗。

CC镇WD幼儿园园长HSX：

奖补资金没享受到，财力非常吃紧，可能资金被上级主管部门截留了，民办幼儿园不敢发声。

DS镇JSYL幼儿园园长TY：

奖补资金发放标准不够"清楚"，操作也不够"透明"。我们本身教师不够，县职中强行把中职幼师生送到外地去实习，学生不愿外出实习，学校"强行"要求其外出实习，否则不发毕业证。

CC镇JBB幼儿园园长LJ：

中职幼师生"强行"被派出去实习，家长不想小孩去外面实习，校长要求必须出去，因涉及利益。

WJ小学附属幼儿园园长CCH：

我们有的幼儿园老师占正式编制，却一直没在幼儿园上班。我们又去请教师，非专业幼儿教师教幼儿，这形成恶性循环。县城学校严重超编，有"关系"才能进去，乡镇上严重缺人。

CC镇HPG幼儿园园长YJ：

民办幼儿教师本来就缺，为什么中职幼师生一定要被送到外面去实习？她们在家乡实习更好，最好在县城就业。我们收费低，待遇差，不好招人。

CC镇XQD幼儿园园长FHC：

教育体育局个别领导纵容县城最好的小学之一——XH小学举办学前班，该校仅有12个班的规模，却用两个班来办学前班，其根本目的在于收费，因学前班属于非义务教育。XH小学是县城办学声誉最好的小学之一，本身县城幼儿入小学特别难，一些家长为了让自己的小孩在县城读上最好的小学，几天几夜在学校门口排队，最终还是读不上这些最好的小学，家长哭天无路。我们作为园长，可以帮，但哪能帮得到这么多呢？因一些村乡小学几乎没有了，全县幼儿进城上小学压力特别大。像XH小学这些优质教育资源却拿来赚钱，义务教育的职责究竟该由谁来承担呢？地方政府的义务教育的责任如何体现呢？一些领导看到问题却一直不解决，这是否属于"失职、渎职"呢？极个别领导言行玷污了政府在百姓心中的形象。

CC镇教育督导组主任HSQ：

有些领导插手民办幼儿园，想避开我们这个机构。前几年教育局个别领导被处分，原因在于他们与个别民办幼儿园结成了一个"利益共同体"。

以上几位园长朴实的话语，道出了她们的心酸、苦恼、无奈。这就是她们对职能部门的部分官员缺乏信任的表现，其背后必定有其深刻缘由。

奖补资金政策资金额度逐年减少，作为一项国家政策必定有其原因，是否考虑给政策客体一个较为合理的解释呢？身为政策运行主体的职能部门工作人员可能政策水平不高，无法给政策客体一个合理、清楚的解读；工作繁忙，无暇顾及此事；更有甚者，可能极少数工作人员职业道德确实存在一些问题，如不愿对此事过多耗费精力，上面来了资源，就按照政策分配方案操作，也许抱有一种应付态度，缺乏一种强烈的社会责任感，等等。所以这在一定程度上造成政策主客体之间信息沟通渠道不畅，信息交流受阻，其间产生误解，乃至政策客体质疑或怀疑部分政策主体的人品、能力。

中职幼师生强行外派实习，自有其合理的一面。远去G省实习，那里是我国改革开放最早的试验田，改革开放的最早受益者，经济、教育、科技发达，高端人才聚集，是我国外引内联的窗口。作为经济欠发达地区的中职幼师生前去实习，只要谦虚好学，应该能学到一些实实在在的专业技能。不过既然家长、学生、社会这么多人反对，也自有其理由：县域内幼儿专业教师严重短缺，这些中职幼师生在县域内实习、就业，可以缓解县域内专业幼儿教师极度紧张的压力，一定程度上有利于助推本县学前教育发展。这样长期形成的实习派出机制，人们自然质疑其行为的动机，其间不排除存在利益输送的可能性。面临如此现实，校方必须给社会一个合理的解释，否则如果民众产生误会或误解，将直接影响政策运行效益。

不准幼儿园办特色班、兴趣班等政策，作为政策主体理应利用一个恰当时机给大家一个令人信服的解释。由于一直没有政策主体的回应，致使一些政策客体难以接受，政策客体就会质疑部分政策主体的职业道德、出台政策的动机。

教育局个别领导纵容极少数办学声誉很好的公立小学举办学前班，本来小学资源极其稀缺，尤其是像XH小学这样的优质教育资源在县域内十分宝贵，而学前班属于非义务教育范畴，这也许纯粹是追求单位利益。这样谋取单位利益的行为，是否是"明目张胆"的"违规"行为？这也许"玷污"了政府在人们心目中的形象。

因有原教育局个别领导插手民办幼儿园等反面典型，人们目睹眼前的现象有一种认知泛化机制，产生一种地板效应。这样政策客体自然会对部分政策主体缺乏信任。

三、普惠性民办幼儿园政策运行主体的行为方式分析

政策要顺利实施，除了政策主体的主观努力、主体间密切合作外，更重要的是政策运行主体须选择科学的政策运行方法，若方法欠妥，可能会酿成新的矛盾，政策目标难以达成，政策效益难以取得。如20世纪90年代实行计划生育政策，一些地区个别执行人员因方法简单粗暴、武断专横，激发了社会矛盾，酿成了人间悲剧，造成政策执行受阻，损害了政府在民众心目中的形象。所以普惠性民办幼儿园政策运行主体必须慎重考虑，选择科学的政策方法，有利于提升政策效益。

笔者田野考察发现，政策主体运行政策方式欠妥，表现在宣传不足，政策客体对相关政策了解不足。

CC镇XQD幼儿园园长FHC：

上面的政策下面不清楚，具体有哪些政策，我们也不清楚。如奖补资金政策，我们不知道到底有哪些具体政策。教育局也许没落实下来。

CC镇XEL幼儿园园长TD：

不知道"营利性"与"非营利性"二者的区别，教育局认定后也没讲清楚。

CC镇QH幼儿园园长HYS：

我们刚步入教育行列，不懂相关政策。教育局也没给我们解释过任何政

策,当时教育局鼓励我们办成营利性幼儿园,我们也不懂,还说若办成非营利性,以后就没企业资金支配权。我们就听了他们的,过后教育局也没给我们做深入、细致的解释。现在教育局却说只有非营利性幼儿园能转为营利性幼儿园,至于为什么,他们也没给我们解释清楚。

MY镇HPG幼儿园园长YY:

政策性的东西我们没弄透彻,也没人给我们讲解过。

可见,因政策主体对相关政策宣传不力,致使政策目标群体对相关政策了解不够,尤其是"普惠性"与"营利性"二者之间的本质差异。奖补资金政策发放标准、资金结构、资金来源,这些最好加大宣传力度,否则会影响政策目标群体的政策认同度,乃至直接影响政策运行效益。

这就是因政策主体宣传不力造成政策客体对相关政策了解不够的具体表现,宣传不力即政策主体宣传政策的形式和内容未能满足政策客体有效执行政策的需求。[①]那么,政策主体宣传力度不够,其背后深刻缘由有:第一,政策主体工作特别繁忙,可谓无暇顾及落实工作;政策主体专业知识极度缺乏,宣传能力受限。第二,政策主体职业道德水平偏低,不愿尽心尽力对其解读、宣讲,造成宣传质量受损;或认为有些政策内容属"国家秘密",只能由内部成员掌握,不应让政策客体知道,因此故意将此神秘化而造成宣传不力。

第二节 普惠性民办幼儿园政策的运行客体

普惠性民办幼儿园政策运行客体即普惠性民办幼儿园政策本身。正如前文所言,普惠性民办幼儿园政策是一个政策组合,现分别剖析其影响因素。

---

① 丁煌.政策执行阻滞机制及其防治对策——一项基于行为和制度的分析[M].北京:人民出版社,2002:154.

一、幼师培训政策

调研机制不健全，培训内容、方式对学员利益诉求整合与表达不足。

国培计划以项目形式推动，项目本质上就是分对象、分层次、分区域进行培训。因国培计划涉及面广、政策对象多，这些对象结构复杂，分为园长、教师。其中园长细化为乡村新任园长、已任园长。教师分为骨干教师、特岗教师、转岗教师、乡村教学点教师、村小教师。转岗教师又分为已入职教师、新入职教师。

要想提升培训质量，政策主体须采用多种培训方式：集中面授、课后研讨、跟岗实习、返岗实践、线下自学、总结反省等。政策设计者对培训方案设计可谓是尽善尽美，不过政策主体在出台政策前也许调研工作做得不够，可能多是政策主体基于自己个人的主观判断、选择，因此致使政策文本对现实生活关照不足。

CC镇JG幼儿园教导主任CXM：

幼师培训政策包括教育行政管理者、园长、公民办幼师培训，各个方面都考虑到了，这很理想。我个人认为，幼师培训应分层次、分对象进行。如这一次针对公办幼师，下一次考虑民办幼师，二者是否可以分别培训呢？我们每次去培训，都是不分层次、不分对象地在一起培训。

我们园内培训根据年龄来划分培训对象、培训内容、培训目标，按照老年教师、中年教师、青年教师来分批、分层次进行，各自培训内容、目标不同。政策主体如考虑培训客体的针对性，效果会更好一些。国培计划应像你一样进行一次广泛调研，要有针对性地培训。国培计划应按专题来中标，像你们博士写论文一样。

CC镇CC幼儿园副园长THQ：

受训幼师参与国培、非国培，她们没有选择的权利和机会。幼师培训应分地域、分层次来进行。培训者基于利己动机来设计培训方案，这样活动团体要付出更多成本，培训应实地调查，由一个团体固定来做，诊断性地发现问题。

DS中学附属幼儿园园长PY：

参训学员没有选择的权利。我参与过一次国培，休息时对授课教师说，老师讲这么多知识，我们无法及时消化，请你到我们幼儿园现场指导，这样学习效果也许要好一些。

上述三位园长的话语中反映出一个现实问题：因培训前调研机制不健全，政策主体深入基层调研不足，以至造成培训方案对培训客体的利益诉求整合与表达不足，致使培训效益流失。

那么，这种现象背后的缘由是什么呢？

第一，政策客体面广、量大、结构复杂，他们来自不同地域，各自内在需求、学习动机、学习方式不同，且受不同的地域文化影响，具有不同的价值追求。政策出台前，要广泛地、反复地征求其意见或建议，这是一件耗时、耗力、耗财的事情。且时间周期长，信息采集渠道是否顺畅，采集到的信息是否准确，信息遴选、加工需要一定的资金、技术、人力，国家财力是否保证，等等。鉴于上述缘由，高质量的国家级幼师培训政策文本的诞生成本太高。

第二，政策主体也许深深懂得，国家级幼师培训计划，涉及面广，政策客体多，培训客体结构复杂。尽管分项目实施，也是大体分类，很多工作未做具体分解、细化处理。要想逐一细化，政策目标与政策对象追求目标完全一致也是不可能的。培训政策方案能做到大多政策客体满意都很不容易，培训方案可能是小范围试验过，不过实验效度、信度值得质疑。也许基于成本的考虑，多从政策设计者角度来主观推测，集体研讨，如成本太高，政策主体也许不会选择。因政策主体也是"理性经济人"。任何一项政策的出台、实施，他们都要慎重考虑其成本、效益。

鉴于上述缘由，幼师培训政策存在调研不足的现象，致使政策文本对政策客体利益诉求整合与表达不足。

二、奖补资金政策

资金拨付监管存在政策漏洞，导致公共资金流失。

第三章 普惠性民办幼儿园政策运行现状的影响因素分析

资金拨付须有理有据,"有理"即资金用于何处;"有据"即使用证据。这也许是资金拨付的一般法则。

P县财政局、教育体育局于2014年2月25日联合下达的《关于下达2013年学前教育综合奖补类资金项目中央和省级资金的通知》(P财教〔2014〕12号),对资金拨付明确规定:各民办幼儿园提供园舍资金、校舍维修、公用经费支出等相关合同和票据原件(票据要经手人签字、园长审批签字)、幼儿园现金日记账簿、《P县扶持民办幼儿园奖补资金拨付审批表》由教育体育局审批后拨付资金。

这里明确奖补资金分配的方式是实有发票。这种以实有发票报销方式获得奖补资金的方式在政策主体看来,应是能够经得起财政、审计等部门的检查的,因它有理有据。政策设计应是很完美的,不过现实中发票来源渠道很多,即使不购置设备同样可以有发票;同时购置了设备可不要发票,因税务发票使用管理监管缺失。

笔者调研中获得如下相关信息。

DS镇JSYL幼儿园园长TY:

我们拿发票去报销,拿几百元钱也可以去开发票,私人装修房子没发票。

CC镇XBS幼儿园园长CD:

奖补资金以发票形式报销,我们园舍租金无发票,一般少数有票,多数无票。我们买一体机无发票,拿钱买发票去报销。

可见,资金拨付以实有发票作为唯一依据或信用凭证,本来是很完美的政策设计,但因发票流通市场渠道较多,使用管理存在缺位现象,以至导致公共资金流失。

那么,这种现象背后的原因在于职能部门人员紧张,管理力量较弱,对一些政策客体采购流程、采购渠道、园舍维护现场乃至获取税务发票的渠道缺乏监管,不过有些环节也无法监管。诸如政策客体与供货商之间的"暗箱操作",监管部门难以准确获取相关信息;园舍维护施工现场,一些材料来源渠道、价格真实信息等都难以采集到准确信息。本来一些商家惯用价格欺诈、质量欺诈;在科技发达的今天,先进技术一定程度上助推了政策客体寻找利益表达渠道的愿望的实现。另外,一些民办幼儿园举办者本身办学动机不纯,可能会利用这些机会来寻求、扩大自己利益的空间,以获取更多利益。基于上述缘由,资金拨付监管存在政策漏洞,尤其是存在政策监管真空,致使政策客体采用一些违规行为达成目标,最终导致公共资金流失。

三、资助政策

资助标准缺乏弹性,精准扶贫力度不够。

资助标准是资助者根据受助者的受助需求、贫困程度、资助者的资助意愿及资助能力等,在资助者与受助者之间达成一种旨在予以精准帮扶受助者的资助等级或资助类型。资助标准的确立一方面来源于资助者的资助意愿、资助能力,另一方面来源于受助者的受助诉求、个人或家庭贫困程度。

一些民间个体或团体(或集体)的资助行为背后的资助标准多是来源于资助者的资助意愿、资助能力,其资助方式、资助对象的遴选;资助范围、资助标准的确立,这更多地体现出资助者的随意性、主观性、主动性,受助者往往带有被动性、勉强性、依附性。其原因在于资助者与受助者之间可能存在相关信息交流渠道不够畅通,资助者采集到的信息可能不够准确、真实等问题,即使资助者采集到的信息准确、真实,还存在资助者的资助能力限度问题,所以资助者的资助行为很大程度上带有一定的盲目性、主观性、自发性。"怜悯之心,人皆有之",同情弱者应是我们中华民族的传统美德,也是做人的一项基本道德。

"三儿"资助政策是一项重大的惠民政策,也是国家精准扶贫政策的一个重要组成部分,是国家教育扶贫的一种手段、方式。2011年开始实施"三儿"资助政策时,其资助对象为残疾儿童、孤儿、家庭经济困难儿童。2015年12月3日,S省财政厅、教育厅、人力资源和社会保障厅、扶贫移民局联合颁布的《关于实施教育扶贫攻坚政策有关事项的通知》(C财教〔2015〕230号)对原有资助客体细化为建档立卡家庭儿童、非建档立卡家庭儿童。

建档立卡家庭儿童资助标准据实免除,非建档立卡家庭儿童资助标准为每人每期500元。建档立卡家庭即精准扶贫对象,非建档立卡家庭即非精准扶贫对象。建档立卡对象较少，他们享受一些特别优惠政策，且是刚性执行。非建档立卡对象即临界贫困对象，因国家对临界贫困没有一个具体认定的权威标准，因此基层政策运行主体推动政策运行时存在一些难度。前面已有相关论述，兹不赘述。

本章小结

本章是普惠性民办幼儿园政策运行现状的缘由剖析。首先，解读幼师培训政策运行现状的缘由；其次，剖析奖补资金政策运行现实样态的原因；最后，分析幼儿资助政策运行实践状态的影响因素。三者呈现并列结构，依次展开剖析。

第四章

普惠性民办幼儿园政策运行的机制建构

普惠性民办幼儿园政策要有序、高效地运行，政策运行主体须优化政策运动行为，所以优化政策运行主体的行为对于释放政策效益、最大限度达成政策目标具有重要意义。

第一节 优化普惠性民办幼儿园政策运行的主体行为

普惠性民办幼儿园政策要迅速、高质量地运行，政策运行主体须对此予以认同和接受，而政策运行主体认同和接受政策的前提就是他们对政策准确的认知。政策运行主体只有对政策有准确、全面的认知，才能领会政策制定者的政策意图，随之产生政策情感、政策信念，进而产生政策运行行为。政策运行主体执行政策的首要环节就是政策认知,所以我们的首要任务就是要提升政策运行主体的认知水平。

一、提升普惠性民办幼儿园政策运行主体的认知水平

一般说来,提升政策运行主体的认知水平,必须要注意以下几个方面:

(一)普惠性民办幼儿园政策运行主体必备的知识储备

必备的知识储备是普惠性民办幼儿园政策运行主体正确认知的前提,如果缺乏最基本的知识基础,很可能出现政策认知缺陷。没有基本的政策认知能力,怎么能推动政策运行呢?

今天,我们正处于信息时代,信息激增,知识淘汰速度加快,这客观上要求我们不断更新知识结构。《公务员法》的实施,提高了干部队伍素质,不过也要看到,个体因先天条件、后天环境等导致专业知识、思维方式、工作效率等各异,且政策目标群体对象多、范围广、利益诉求多,这就要求必须提高政策运行主体的政策认知水平和政策运行能力。要提高政策运行主体的政策认知水平和政策运行能力,若仅局限于原有的知识存量,单一、渐趋老化的知识结构,很难准确认知政策的内涵、精神实质,尤其是政策目标群体因其文化知识水平较低,会直接影响其政策认知水平和理解能力以及他们对政策及其价值、意义的认知程度和当代意识和整体利益的吸纳程度,最终影响政策运行效益。所以政策运行主体应自觉拓展专业知识领域,更新知识结构,努力学习政策科学、哲学、经济学、社会学、管理学、教育学、心理学等,为其准确而全面地认知政策、推动政策有效运行奠定坚实的知识基础。同时,我们应不断巩固普及九年义务教育,特别是老少边穷地区,控辍保学,提高儿童的文化水平和基本文化素质,增强政策运行主体的政策认知水平和认知能力,从而为其正确地认知政策乃至认同政策创造必要的条件。

（二）普惠性民办幼儿园政策运行主体必须认真研读政策

认真研读政策是执行政策的首要任务。一项政策必定有其特定的诞生背景、内涵、目标指向、价值取向、实施原则、实施路径、适用范围、对象等，作为政策运行主体的职能部门的工作人员和作为目标群体的普惠性民办幼儿园的相关人员、儿童家长或监护人，理应深入、全面、系统地认真研读政策，才能通晓其精神实质、价值、意义，理解政策的理论基础，找准政策的现实问题等。

至于学习方式，可以考虑个人自学、集中研讨、专家解读等，若仅停留于集中研讨、专家解读就能提高政策学习质量，那是不现实的。人家的见解始终难以内化成自己的产品。可见只有高质量的自我学习，才能有效推动政策运行，政策运行主体必须认真研读政策，尤其是要认真研读政策利益指向与政策运行主体利益诉求之间的关系，该政策与其他政策的价值取向、实施条件、实施路径、目标指向等方面的比较研究，为准确、全面、深入地认知政策、推动政策顺利运转创造必要的前提条件。

（三）加大宣传力度，构建普惠性民办幼儿园政策运行的社会支持系统

必备的知识储备是正确认知政策的前提，也是认真研读政策的知识基础。一项政策的运行自然离不开政策信息的传播和讲解，政策运行是以政策运行主体对政策运行的认知、认同为前提的，政策颁布后不可能自动地被认知，政策制定者了解政策不等于政策执行者了解政策，政策执行者了解政策并不意味着政策目标群体就一定了解政策。为了让他们更深入、更全面地了解政策、正确地认知政策，须从更大范围、更深程度、更高质量的角度，以各种手段传播政策信息、讲解政策内容，使他们自觉地认识到自己的利益诉求与政策利益指向的密切关系，使他们自愿地接受政策，积极参与执行政策，这样才能为提升政策运行效益奠定坚实的基础。所以政策运行主体除了优化原有知识结构、自我认真研读政策信息等途径来增强其认知能力外，政策信息的传播、政策知识的解读也是提升其认知水平的重要途径。毛泽东主

席曾谆谆告诫我们："我们的同志不要以为自己了解了的东西，广大群众也和自己一样都了解了。"[①]"许多有关政策问题，仅限于少数干部知道，弄得群众及下级干部彷徨不安，结果必使自己陷于被动。"[②]普惠性民办幼儿园政策是一个政策组合，政策对象多，各自利益诉求各异。通过各种宣传途径，让政策目标群体对政策有一个正确的认知、认同，这是政策顺利运行的有力保障。

现实中我国某些政策执行受阻，如20世纪90年代的计划生育政策、90年代的农村上交款政策，尤其是我国西部革命老区部分农村地区如S省Y县农民上交款政策中的一种款项——猪税，即以一家几口人为基数计算几头猪的屠宰税，这是因地方财源枯竭，财力与公共责任严重失衡，财政无法运转而采取一种无奈的扩张财源的举措。该举措在执行中处处受阻，很多人纷纷逃离家乡，举家外出多年不敢回家；或一些政策客体直接与政策主体对抗，最后当地政府动用警力直接强行征收，这样激发了社会矛盾，直接影响社会和谐稳定。直到2006年国家直接取消农业税才结束此举措。

正如毛泽东说："我们的政策，不光要使领导者知道，干部知道，还要使广大的群众知道。有关政策的问题，一般地都应当在党的报纸上或刊物上进行宣传。……群众知道了真理，有了共同的目的，就会齐心来做。"[③]所以务必加大政策宣传力度，尤其是对政策目标群体的大力宣传，可采用各种传播媒介，如电台、电视台、政府网站、各部门网站及其他媒介长期宣传，或印发各类宣传手册、举办宣传展板、巡回宣传车进校园直接宣讲、班会宣传、学生集会讲解、家长会集中解读等，特别要"耐心解释一切疑难与误解"。[④]这样不断渗透、长期影响、逐渐占领政策目标群体的思维空间，使之渐渐纳入其认知范围，才可能逐渐产生一种自觉、主动的比较正确的认知行为，进而才可能悦纳政策。只有让政策目标群体从内心深处对政策有一种比较正确的认知态度乃至渐趋认同时，才可能顺利推动政策运行。正如毛泽东

---

① 毛泽东.毛泽东选集（第三卷）[M].北京：人民出版社，1991：1095.
② 周恩来.周恩来选集（上）[M].北京：人民出版社，1980：301.
③ 毛泽东.毛泽东选集（第四卷）[M].北京：人民出版社，1991：1318.
④ 周恩来.周恩来选集（上）[M].北京：人民出版社，1980：96.

说:"在群众出于内心自愿的原则之下,帮助群众逐步地组织起来。"[①]

当然,仅局限于政策目标群体还远远不够,更应让那些暂时不属于政策运行主体范围的人们也有认知机会。首先职能部门应继续加大宣传力度,力争做到力度不变、持续时间不变、关注度不变、政策价值取向不变,逐渐让他们对政策产生一种比较正确的认知乃至认同、支持政策运行的政策行为。这样逐渐构建政策运行的社会支持系统和社会监管系统,即"信任人民,和人民打成一片",[②]才能保证政策顺畅运行,从而最大限度地释放出更多政策红利。

二、增强普惠性民办幼儿园政策运行主体的政策认同度

政策认同是政策运行的关键步骤,也是政策顺利实施的前提条件。一项政策如能被人们认同,那么人们便会从内心深处自觉自愿地接纳政策信息,产生积极的政策态度,进而主动参与政策运行。一般说来,政策认同主要取决于政府形象、政策本身质量两个因素。

第一,政府形象,它是政府行为与民众价值判断的综合体。政府形象分为整体形象、个体形象,个体形象构成整体形象,整体形象以个体形象为载体,个体形象也是整体形象的外在表征之一。

第二,政策本身质量。普惠性民办幼儿园政策本身质量将在下面专门探讨,在此不赘述。这里仅就如何塑造政府形象来增强政策运行主体的政策认同度做一些粗浅的论述。

政府形象是一种稀缺、特殊、优质的政治资源,它是政府影响力的重要组成部分。政府影响力凸显出政府在民众心目中的地位、政府与民众之间双向互动的主客关系,它是决定着政策能否被民众接纳或接纳程度的外在表

[①] 毛泽东.毛泽东选集(第三卷)[M].北京:人民出版社,1991:1095.
[②] 毛泽东.毛泽东选集(第三卷)[M].北京:人民出版社,1991:1096.

征。一般说来，良好的政府形象表现为巨大的感召力和凝聚力，能赢得民众对政府的认同和信任，也是政府合法性权威的外在体现，政府合法性权威是基于民众对政府行政能力、行政绩效的认可和良好政府形象的评价而产生的一种发自内心地对政府的信任感、认同感。良好的政府形象有助于降低政策运行成本、减少政策运行阻力、提高政策运行效益。P县政府形象的塑造是一个长期、复杂的系统工程，需要县域内各部门通力合作，形成合力才能形成良好的政府形象。这里仅就增强政策运行主体的政策认同度而言，P县政府应做好以下工作：

（一）政府应自觉提升其行政能力

所谓行政能力就是政府输出政策和管理社会事务的能力。政府行政能力是其基本管理能力之一，其本质特征在于利用公众让渡的公共权力制定政策，管理社会公共事务，规范地整合与表达公众利益，合理分配公共资源，追求社会公平正义。笔者认为，P县政府提升其行政能力应做好以下工作：

1. 促进经济快速、健康发展

P县地处S省中部丘陵地区，是国家级贫困县、人口大县、农业大县、革命老区，"'总量小、人均低、基础弱、欠发达'的县情未改变，尤其是人均经济指标远低于全国、全省和全市平均水平，工业化和城镇化水平也较低。全县农业主要以传统种植、养殖业为主，生产模式陈旧，技术粗放，装备水平低，基础设施落后，效益低下。工业总量有限，基础薄弱。经济下行压力较大，城乡发展不平衡问题依然突出，民生需求的挑战，基本公共服务供给不足且不均衡。"[①]所以P县政府应输出相关政策，促进本地经济快速、健康发展，尤其是注重资源有效配置，加强宏观调控，只有这样才能让民众从脱贫到温饱到小康渐进发展，这也是政府行政能力最显著的外在表征之一，也是有绩效的政府最有说服力的依据之一，再次证明了"发展才是硬道

---

① P县人民政府.P县国民经济和社会发展第十三个五年计划纲要（2016—2020），2016：9-10.

理"这一科学论断。

2.维护社会秩序，追求"善治"目标

社会稳定，人民安居乐业、和谐共处，这是长久以来人们追求的目标，也是人们对理想社会的一种描绘。作为人民公仆的P县政府应自觉担负起建立良序社会的职责，维护县域内社会稳定，整合社会价值和公共利益，提高人民群众对党和政府的认可和支持程度，旨在追求一种以"契约观念、效率精神"[①]为核心的"善治"目标。

3.善于谋划，驾驭大局，实现社会整合

当今社会，随着改革开放的纵深推进，利益主体不同，利益诉求各异，价值追求相异，如何在一个价值观念多元化、利益诉求多样化的社会寻求一种社会共识，实现社会和谐，而P县政府如何赢得民众的理解、支持，避免社会动荡，引导人民群众致力于经济建设，这也是检验P县政府执政能力的试金石。而有效地整合社会公共利益和社会基本价值是提升P县政府行政能力的重要途径。

当然，增强政府行政能力的路径很多，其中根本途径是大力发展经济、变革僵化的体制、提升国民素质、打造法治政府。

（二）政府应提高管理队伍素质，加强勤政廉政建设

政府形象是由政府整体形象和政府个体形象组成，影响政府整体形象的决定因素是政府履职能力、履职效果、政府部门工作人员的言谈举止。今天，政府是社会的一个大管家，"从摇篮到坟墓"的管理都属于政府责任范围，政府部门工作人员的一颦一笑直接关乎着政府形象，要塑造良好的政府形象，首先我们必须提升每一位政府部门工作人员的基本素质，而要提高他们的基本素质，笔者认为，应主要从以下方面入手：

第一，严格按照《公务员法》等相关法律法规，严格选拔工作人员，使之具备基本的管理素养。

---

① 王浦劬.政治学原理[M].北京：中央广播电视大学出版社，2004：161-162.

第二，严格岗前培训，不仅局限于专业知识、技能的培训，还须加大对马克思主义理论、党性修养的教育，提高其政治素养。

第三，加强业务学习，并及时予以考核，最后将考核结果作为其晋级晋职的依据之一。

政府部门不仅要注重提升个体自身的从业素质、专业能力，更应加强岗位勤政、廉政建设，旨在从微观上注重个体从业行为的表现、绩效。

所谓勤政建设就是遵守劳动纪律，勤奋工作，培养职业责任感和敬业精神。因为检验政府工作质量的标准就是"人民拥护不拥护""赞成不赞成""高兴不高兴""满意不满意"，每一位政府部门工作人员都应时刻倾听民众的呼声，"身"入群众中了解其疾苦，最大限度地满足其合理需求，勤政为民，时刻践行"只有将热情融入行动，人才会真正伟大"[①]这一本杰明·迪斯雷利的至理名言，时刻牢记"如果不为人类服务，我们为谁呢"？[②]这一永恒的服务宗旨。

所谓廉政建设，通俗地讲就是公正无私，干净做事。奖补资金政策、资助政策等相继推行，政策目标群体范围广、对象多，利益主体诉求各异，其道德水平和动机水平不一，作为普惠性民办幼儿园政策运行主体的职能部门工作人员面临各种利益诱惑，更应时刻警醒自己："过多的财富是贪婪之源。"[③]始终警诫自己，不忘初心，牢记使命。

勤政侧重于工作人员的专业能力、专业水平，廉政更多体现的是道德动机、道德水平。二者相辅相成，合力推进，只有这样才能从根本上逐步改善政府在民众心目中的形象。

---

① [美]丹尼斯.B.贝克.权力语录[M].王文斌，张文涛，译.南京：江苏人民出版社，2008：199.

② 同上，195.

③ [美]丹尼斯.B.贝克.权力语录[M].王文斌，张文涛，译.南京：江苏人民出版社，2008：5.

三、改进普惠性民办幼儿园政策运行主体的行为方式

政策能否稳步推进，政策目标能否预期达成，不仅受限于政策运行主体的政策认知水平和认同度，还取决于政策运行主体恰当的行为方式。如刘少奇所说："制定政策固然不易，要经过调查研究，但是，重要的问题还在于执行政策。执行政策就是实践，在实践中间调查研究，在实践中间认识客观世界，在实践中间发现我们的错误，在实践中间发现新的问题，……方式要讲究。"[①]可见，政策运行主体的政策行为方式至关重要。现实中一些政策运行受阻，关键就在于政策运行主体的政策行为方式选择不当。如20世纪80年代后期至新世纪初期一些偏僻农村地区推行计划生育政策，一些政策运行主体本身素质偏低，行为方式简单粗暴，致使政策运行处处被动、时时受阻，政策目标难以实现，更重要的是造成了不少家庭悲剧，一定范围内造成了恶劣影响，一定程度上损害了党和政府的形象，恶化了干群关系、党群关系。因此，要提高政策运行成效，减少或消除政策运行阻力，不仅要提升政策运行主体的认知水平和认同度，更要注重政策运行主体的政策行为方式的选择。笔者认为，政策运行主体政策行为方式的恰当选择，主要注意加大宣传力度，创设政策良性运行的社会环境。前文已有相关论述，在此恕不赘述。

第二节 提升普惠性民办幼儿园政策运行客体的质量

政策运行质量不仅受制于政策运行主体的认知水平、认同程度，还取决于政策文本质量。现实中一些政策无法运行或运行效益流失，其根本原因在

---

① 刘少奇.刘少奇选集（下）[M].北京：人民出版社，1985：457-458.

于政策文本质量不佳。而政策文本质量问题的表象纷繁复杂，如政策信息是否反映了现实问题、政策运行是否具备现实条件；政策运行主体基于不同的动机而出台的政策，其内容相互冲突，无法实施；政策信息指向不明，缺乏可操作性；运行主体基于自己利益考量而选择投机行为；政策频繁变动，普遍存在结构性短期行为，政策客体为规避理性行为选择带来的风险而降低政策运行过程的资源投入量；因政策随意变动而导致政策系统的"结构性紊乱"，进而造成政策信息冲突、政策信息脱节及政策信息真空，等等。普惠性民办幼儿园政策同样存在一些质量问题，前文已有分析，要提升其运行质量，须先完善其文本内容。

一、提升幼师培训政策运行客体的质量

从P县幼师培训政策运行现状来看，确实存在一些不足。从幼师培训政策的影响因素分析来看，政策本身存在一些缺陷。为增强幼师培训政策运行效益，须首先完善其政策文本内容。

健全调研机制，幼师培训资源供给与需求尽量做到无缝对接。

学前教育培训资源是一种社会公共产品，提供社会公共产品的是各级政府及其职能部门。这种产品的"消费者"是广大的公民办幼儿园的幼师，"产品"的质量如何直接由"消费者"来评判。"产品"是否满足"顾客"的内在需求，需要做广泛的市场调研，深入"消费者"的生活空间，广泛、深入地调查、了解"顾客"对"产品"用后的反馈意见。如毛泽东所说："你对于那个问题不能解决吗？那么，你就去调查那个问题的现状和它的历史吧！你完完全全调查明白了，你就对那个问题就有解决的办法了。调查就像'十月怀胎'，解决问题就像'一朝分娩'。调查就是解决问题。"[①]可见深入调查对于寻找解决路径、提升工作绩效均有重大的现实意义。

---

① 毛泽东.毛泽东选集（第1卷）[M].北京：人民出版社，1991：110-111.

学前教育师资培训是一个系统工程，幼师国培项目是一个政策体系。作为社会公共"产品"的输出者，各级政府及其职能部门均是立足于自己的利益动机、价值追求来设计培训方案、选择培训模式、确定培训内容、遴选培训对象。作为公民办幼师这一庞大的消费群体，她们来自不同地域，身负地域文化、专业背景、生活阅历、语言习俗、专业偏好、消费偏向、思维方式等不同特征，理应在培训前将最初培训方案在各大媒体上进行宣传，以广泛征求受众的意见；然后将其意见或建议分类梳理，筛选出有代表性的意见；再修改培训方案，根据培训对象分层次、分地域、分类别开展培训，不断推动幼师培训供给侧改革；且建立一套科学、严格、规范的制度，以保证培训政策的稳定性、连续性、权威性、统一性。因"制度化的政策信誉"[①]是政策主体与政策客体合作秩序得以不断拓展的信任基础。这样不断增强培训的针对性、实效性，使幼师培训资源更好地满足各位公民办幼师的内在需求，让幼师培训政策发挥最佳社会效益。

二、提高奖补资金政策运行客体的质量

广泛问计于民，建立一套科学、规范、有效的拨付资金监管制度。

奖补资金发放形式有赠送实物、现金拨付等，而现金拨付的依据是民办幼儿园已用于园舍建设、公办经费支出等相关合同和票据原件（票据要经手人签字、园长审批签字）、幼儿园现金日记账簿等，对这些原始资料审核后按一定比例给予拨付。在科技高度发达的今天，这些原始资料完全可通过其他方式获得，如笔者访谈时几位园长所说，很多东西没发票，用钱买发票，再用发票去报销。这预示着民办幼儿园采购设备、公办用品、园舍维护等未采取招投标形式，拨付依据就是园方已采购、维修等资金支付的实有发票。

---

① 丁煌.政策执行阻滞机制及其防治对策——一项基于行为和制度的分析[M].北京：人民出版社，2002：252.

在税务发票使用制度未完善、财务监管端口后移、全民法治观念尚待增强的今天，这种将实有发票作为唯一或重要报销依据或信用凭证的报销方式，存在一些制度漏洞。因政策客体自己采购一切设施设备，政策主体对其采购渠道、采购流程、园舍装修现场、发票流通渠道等缺乏有效监管，尤其是政策客体与供货商之间的"个别协商"，政策主体对其监管难度更大。这不可避免地存在价格欺诈、质量欺诈。政策主体本身人力不够，这些领域也许根本无暇顾及，这样会导致公共资金流失。

鉴于资金拨付监管的现实困境，职能部门广泛问计于民，深入基层调研，听取人大、政协、财政、审计、纪委、监委、住建、民政等部门的意见或建议，一律实行招投标。具体程序为：民办幼儿园每学期放假前自己申请采购设备或园舍维护等，由教育体育局、住建局现场考察后，予以确认。现场确认后，民办幼儿园写好招投标书，由教育体育局、住建局具体安排时间，统一在S省财政厅或S市财政局政府采购中心公开招投标，遴选施工单位、监理单位。工程结束后由教育体育局、住建局组织专业人员现场验收，验收合格后予以确认，所需资金由园方或施工方暂时垫付。审计局审计合格后再按一定比例予以拨付到园方账户上。这是从原来的由民办幼儿园自己决定的个体行为变为以招投标为核心的多家单位相互监督、相互制约的集体行为的一次变革，即"权利结构的变化与主体的利益一致时，主体就会合作"。[①]

只有这样，职能部门才能坚决杜绝不通过招投标直接获得政府奖补资金现象，具体操作的每一个环节须尽量公开、透明，程序须公正、公开，随时接受社会监督，让权力在阳光下运行。如发现有欺诈行为，职能部门随即收缴所拨付资金，追究当事人的法律责任，被取缔园所永远不再享受此类待遇，将其打入"黑名单"，并在各大媒体予以曝光。

[①] 商晨.利益、权利与转型的实质.总序[M].北京：社会科学文献出版社，2007：22.

三、完善资助政策运行客体的质量

建立一套规范、可操作的临界贫困标准，实施梯度资助、精准资助。

目前，临界贫困缺乏一个明确的认定标准，处于模糊状态，完全靠人们主观判断、识别，政策实践中遭遇诸多尴尬。为了精准识别临界贫困对象，政府必须建立一套科学、规范、可操作的临界贫困标准，而创立一套规范、具有操作性的临界贫困标准，须有相应的法律、政策为其提供法律保障和政策依据。因私人财产信息属于个人隐私，个人隐私是受到法律保护的。政府既要搜集到公民个人财产的准确信息，又要承认、保护其合法性。目前就这个问题还存在一个法律、政策真空，所以政府应尽快出台相关法律、政策，并对其行为本身定性，对法律边界做出具体、明确的界定。这样政府不仅要承认、保护公民个人的财产，又要获得其准确的财产信息，作为政府制定临界贫困标准的信息基础、参考数据。在此基础上，政府召集各类专家"集体会诊"，参考国家近几年颁布的脱贫标准、人均收入标准，尽快制定临界贫困标准初稿，再将初稿通过国内一些媒体公布，反复征求大家的意见或建议；政府再将这些意见或建议分类整理，遴选出有代表性的、中肯的意见，再对其初稿反复修改，最后提交到国务院或全国人大讨论通过。临界贫困资助标准一经通过，各级政府必须坚决执行。

临界贫困资助标准出台后，P县职能部门应深入基层实地调研，将各类临界贫困对象的贫困原因、贫困程度、利益诉求、人员结构等进行梳理，在此基础上，拟定出资助政策初稿，立即在县域内各大媒体上公布，并征求人大、政协、财政、纪委、监委、民政、发改等部门的意见或建议。同时深入基层，反复征求资助客体及其家庭的意见或建议；再将他们所有意见或建议一起回收，分类整理，将具有参考价值的意见或建议及时纳入资助政策修订稿，最后将已修订好的资助政策文本提交县委常委会谈论通过。一旦通过，应直接按照该资助政策执行，实施梯度资助，真正做到精准扶贫，精准脱贫。这就是"社会的和经济的不平等应这样安排，使它们被合理地期望适合于每一个人的利益,并且依系于地位和职务向所有人开放。"[1]

本章小结

本章分析了普惠性民办幼儿园政策运行机制建构。首先,优化普惠性民办幼儿园政策运行主体行为,具体表现为三个方面:提升普惠性民办幼儿园政策运行主体的认知水平,增强普惠性民办幼儿园政策运行主体政策认同度,改进普惠性民办幼儿园政策运行主体行为方式;其次,提升普惠性民办幼儿园政策运行客体质量,分别从幼师培训政策、奖补资金政策、幼儿资助政策三个方面展开论述。

---

[1] [美]约翰.罗尔斯.正义论[M].何怀宏,何包刚,廖申白,译.北京:中国社会科学出版社,1988:60-61.

第五章

普惠性民办幼儿园政策的运行特征

普惠性民办幼儿园政策自诞生已过了十个春秋,在P县运行生命周期如何？运行特征如何？通过总结该政策的运行特征,为后面该政策的完善、发展提供政策参考。

第一节 普惠性民办幼儿园政策运行特征的概览

本书第二章鲜活地呈现出普惠性民办幼儿园政策在P县运行的具体情景,以当事人鲜活的话语来呈现,笔者也做了简要的小结。现在要从当事人鲜活的话语中提炼出政策运行的本土经验,再从本土经验出发,"淘出真金",即对本土经验进行理论阐释,不过难以探寻到一条清晰的理论线索将三个政策所有人的鲜活话语"串"起来,因三个政策主体不同,政策客体各异,价值取向相异，政策目标不同。笔者只能试着将这些话语背后的理论之"珠"做一次"生硬衔接"，因此，笔者首先尝试归纳、总结普惠性民办幼儿园政策运行的特征。

以"利益""人情"为核心构成的政策网络，即普惠性民办幼儿园政策运行特征。

代表国家权力的普惠性民办幼儿园政策要真正落地、落细，必须由P县职能部门来具体推动，尤其是乡镇教育行政部门。作为政策主体的职能部门工作人员尽管身处于科层制行政管理体制内，但还是生活、成长于当地传统文化之中，他们与作为政策客体的普惠性民办幼儿园举办者或管理者、家长或监护人一样沐浴着以"利益""人情"为核心理念的传统文化，因此他们能够接受并按照当地传统文化的规范来推动普惠性民办幼儿园政策运行。这使得政策客体能够充分发挥自己的个人智慧与普惠性民办幼儿园政策互动博弈，从而获取相应利益。从这个意义上讲，普惠性民办幼儿园政策在P县运行就实现了国家与社会的联姻。此刻，普惠性民办幼儿园政策运行就不是简单地自上而下地运行并无条件地改变政策客体的一切的过程，而是包含着丰富情感的鲜活的生命个体与政策互动的过程。在这一互动过程中，政策主体与政策客体互动，尤其是在政策不断调整的环节所隐含的政策资源配置形成了一个政策网络。同时，普惠性民办幼儿园的举办者或管理者要面对一些家长或监护人的利益诉求，要一一解答他们对政策的疑惑，因而他们之间也形成了一个政策网络。当然，我们中国本土形成的政策网络与西方社会的政策网络具有不同的本质特征。

就乡土中国的普惠性民办幼儿园政策而言，政策网络的优势也是十分明显的。国家与社会的界限在乡土社会的基层职能部门中也许是比较模糊的，这些职能部门的公职人员不仅生存于科层制行政管理体制内，而且是乡土社会的一分子。在当地传统文化以及特有的生产、生活方式影响下，形成的社会运行机制对于代表国家权力的普惠性民办幼儿园政策的影响较为明显。如2013年开始实施国培计划，因体制偏差、公民办幼师培训资源配置明显失衡，县内有少数民办幼师参加国培计划的指标，教育局无法精准遴选，为了规避矛盾，其暗中将责任下沉，委托各乡镇教育督导组具体负责实施。乡镇教育督导组明知这是一个"烫手山芋"，但又不敢不接，因无上级红头文件，只能暗箱操作，尽量在同等条件下遴选出与自己关系密切的利益相关者，并严格保密。如CC镇教育督导组主任HSQ说：前几年我带领几位民办幼师出去学习，教育局又没有明文规定，那就由我们内部说了算，这中间必定有一些人情因素在里面。

还有诸如普惠性民办幼儿园的初步认定、每年普惠性民办幼儿园的年度审核等级的最初确立、奖补资金的最初确定、日常监管等，他们手中握有一定的资源配置权力，他们本身也属于既得利益者，与教育局、普惠性民办幼儿园等利益相关者构成一个政策网络。如SF镇XXX幼儿园园长LDP说：奖补资金得过两次，一次得了6万多，还有一次得了1万多，18年就没有了。老师，这些钱，你想就随便放在自己腰包里，可能吗？你想人家凭啥把钱给你，这些都是国家的钱、大家的钱，可以给你，也可以给他，为啥给你呢？你要多想想，难道你该得吗？为什么该得？在今天这个社会，情商低了，肯定不行。到时候肯定要出一点"血"，请有关人士去坐坐，或者出去走走，否则今后可能有好处，人家也不会想到你，为了维护社会关系网络，该出"血"时必须出"血"，这是最基本的道理。你说呢？

又如RL镇RS幼儿园园长ZSN说：要想把自己产业做大，社会关系网肯定必不可少，诸如逢年过节，或者奖补资金发下来后，利用恰当时机好好与人家交流交流。钱在人家手中，可以给你，也可以给他，就看你是否会处事。当今社会，你懂的，随时都要考虑这些事，随时必须注意自己的言行。尤其是现在正掌握着我们命运的一些部门领导或其他工作人员，都不敢得罪，只能好好与人家相处，因此，从某种程度上讲，普惠性民办幼儿园所能获取的政策资源在财政局、教育局、乡镇教育督导组等部门间"流动"，之所以称之为"流动"，是因为普惠性民办幼儿园政策存在运行的空间，而不是刚性的"行"或"不行"，最终结果是基于政策运行的具体情境和利益相关者之间关系亲疏程度以及由此展开的政策微调或局部环节暗箱操作。

现实中，政策客体与政策主体直接沟通，也许会削弱沟通效益，或无法满足其期望值，因而政策客体中的一些人会充分利用当地传统文化中的种种资源，通过非正式渠道与实施普惠性民办幼儿园政策的政策主体互动，这样自然会形成一个政策网络。笔者认为，在这些政策网络中，"利益""人情"本体功能在其中得到充分发挥。从一定程度上说，他们之间是在已经建构的社会关系网络中通过利益互换实现互惠。如多次外出参加国培计划、获得比较丰厚的奖补资金的普惠性民办幼儿园举办者或管理者，自然会以各种方式惠及职能部门具有话语权的核心利益相关者，诸如以汇报工作或审核资料等名义，特邀这些利益相关者去某个餐馆或茶坊去坐坐，或者去附近景点走走、看看，等等。这样通过利益输送，固化了他们之间的情感关系，进而在政策不断调整中政策客体维护或实现了自身的利益。当然，政策客体在政策运行中的政策行为更多的是一种饱含着丰富情感的政策选择行为；政策主体在政策运行中首先要遵守法律、法规、纪律、规则等，因而其政策行为也是去情感化的理性行为。因此从这个意义上讲，感性和理性共同构成了乡土社会普惠性民办幼儿园政策运行的人性基础。

  普惠性民办幼儿园政策只有经过适度的政策文本开发、政策实践创新，才能适应乡土社会的土壤而不至于遭遇政策客体的强烈抵制。自2010年以来，普惠性民办幼儿园政策随着社会变迁而不断丰富其内涵，若政策变革的程度超越了政策客体的承受能力，他们就会诉诸法律或其他诉求渠道，或充分利用当地传统文化中的各种资源来与政策互动，以此规避因政策变动给自己带来的巨大影响。为了避免这一被动局面，政策主体更多地立足于政策客体的立场来考虑问题，将政策客体的策略行动尤其是背后隐藏着的乡土文化纳入政策制定和执行者的政策视野，这样也许会使普惠性民办幼儿园政策的运行更加符合人性的特点、更加贴近当地传统文化的要求；同时减少政策运行阻力，这样更有利于政策健康运行。

第二节　普惠性民办幼儿园政策运行特征的具体呈现

  普惠性民办幼儿园政策自2010年面世后，P县职能部门在上级政府、上级职能部门的正确领导下，有序推动政策运行，普惠性民办幼儿园政策紧贴地方土壤、尊重地方文化，合理利用当地各种资源，走出一条具有浓郁的地域特色、既遵守政策规则、又符合人性特点的政策运行之路。现在分别从三个政策具体展开呈现。

一、幼师培训政策运行：体制偏差，"公""民"失衡，亟待优化幼师培训资源制度协调机制

由于公、民办幼师分别隶属于体制内外两种不同的利益主体，因利益分配机制相异而导致两种利益主体分享的利益存在"量"和"质"的差异，这在政策设计上已体现出明显的偏"公"思维。

P县职能部门面临稀缺的资源，经过"理性"思考后按"图"索骥，机械、僵化地配置资源，这使得幼师培训资源配置严重失衡，造成一定程度的浪费。如网络研修项目，很多公办幼师不欢迎这种学习方式，老年教师因年龄原因选择放弃，中青年教师存在家庭、事业等诸多矛盾，加之这种方式存在先天的缺陷：在线学习存在一定程度上的情感交流不足，因而吸引力不强，大多教师学习处于应付状态，造成资源大量闲置。

另外，一些宝贵的外出学习机会，因培训时间、内容等与一些公办幼师的内在需求存在差异，加之，至今体制内没有一套科学的退出机制，因而外在压力缺乏，内在动力不足，致使一些公办幼师"身在曹营心在汉"，造成一定程度上的资源隐形"浪费"，致使幼师培训资源投资效益和配置效益流失。

"不根据实际情况进行讨论和审察，一味盲目执行，这种单纯建立在'上级'观念上的形式主义的态度是很不对的。……盲目的表面上完全无异议地执行上级的指示，这不是真正在执行上级的指示，这是反对上级指示或对上级指示怠工的最妙方法。"[①]毛泽东在20世纪30年代提出的谆谆告诫，至

---

① 毛泽东.毛泽东选集（第1卷）[M].北京：人民出版社，1991：111.

今仍具有指导意义。大量闲置的网络研修资源为何不可以征求民办幼师需求后，按一定比例予以分配呢？外出学习机会十分宝贵，一些公办幼师根本不珍惜，造成一定程度上的资源隐形"浪费"，为何不尝试将一定比例的指标分配给办园质量较好的民办幼师呢？

当今，已纳入普惠行列的民办幼儿园也是普惠性学前教育公共资源，其"利益表达结构"、内部报酬结构已发生变化，最明显的表征是将民办幼师纳入"国培计划"，他们可享受免费培训或部分免费培训，这是对他们提供普惠产品的利益损害的一种补偿，也是对他们合理诉求的满足。

政策主体首先要优化幼师培训资源制度协调机制，当然制度协调机制优化的前提是大力发展经济，增强经济实力，提供更多更优的幼师培训资源。其次，在政策运行中无论是网络研修或其他学习形式都属于公共学前教育资源，政策主体应有大教育观、教育情怀，应对辖区内普惠性学前教育资源总量做出统筹规划，在优先满足体制内所需资源后，适度调整资源分配方案，适度增加民办幼师培训资源比例，优化幼师培训资源配置机制，让幼师培训资源合理流动，同时提高幼师培训资源流动质量，真正做到物尽其用，让县域内普惠性学前教育公共资源内部结构基本保持均衡，利益主体的利益关系基本处于均衡状态。

二、奖补资金政策运行：缺乏可持续性，非营利性保障制度亟待健全

P县的客观现实如下：财力吃紧，财力与公共服务能力不匹配，很多时候只能"等米下锅"，诸多问题面临力不从心的困境。为了规避政策依赖风险，国家投入逐年递减，"奖补"资金额度小，吸引力不强，激励导向作用未充分凸显，致使很多普惠性民办幼儿园举办者对其缺乏政策信心，普惠动能不足。"普惠性"与"营利性"本身界限模糊、"民办幼儿园"的身份标签与"普惠"行为的尴尬、"普惠"的政府承诺与现实政策兑现程度的反差等问题突出。职能部门的管理能力仅局限于办学许可、日常行政管理，业务指

导严重缺乏。县民办教育协会是一个松散的民间组织，缺乏组织的权威性、号召力、凝聚力，属于名存实亡。年度考核、资金分配等诸多政策运行环节存在一定程度的以"利益""人情"为核心的乡土文化的干扰。最终导致很多普惠性民办幼儿园"单打独斗"、各自为政，信心缺失，相互猜疑，缺乏信任。

其根本缘由在于政策资源严重不足，当然政策资源严重匮乏包含两方面内涵：第一，人的欲望是无限的，始终难以满足其欲求；第二，可用政策资源本身的严重短缺。从长达数月的田野考察来看，笔者认为，P县至少就目前而言，可用政策资源严重不足。政策运行所需资源的丰富程度直接决定着政策运行者能力的大小，从而影响政策运行效益。政策运行须具备必要的资源，一般说来，政策运行所需资源主要包括人、财、物、信息、权威等，人、财、物是政策运行的基本必需品，信息是政策运行中相互沟通、正确决策等的前提条件，权威是政策运行中保证政令畅通、顺利推动的客观基础和前提条件。当然资源的丰富程度是相对于政策运行主体的需求而言，资源匮乏直接决定政策运行者的运行能力不足，导致政策运行效益流失或运行停滞。

奖补资金额度较小，且越来越小，乃至最终停滞，表明国家对普惠性民办幼儿园的扶持政策进行调整，整合原有政策资源，改变原有政策扶持路径，也许意在培育普惠性民办幼儿园内生动能。当然，从另一个角度上讲，政策缺乏可持续性，非营利性保障制度亟待健全。政府将普惠性民办幼儿园纳入普惠轨道，使之持续提供普惠产品，必须尽快健全非营利性保障制度，才能保障其普惠行为的持续动力。

三、幼儿资助政策运行：政策关键环节具有"隐蔽性""欺骗性"，精准扶贫的精准度亟待提升

2011年国家开始实行资助政策，资助客体分为三类：孤儿、残疾儿童、家庭经济困难儿童。为了尽快根除只见资助投入、不见资助效益的内卷化

"顽疾",尽量提高资助效益,国家实行分类资助:建档立卡资助、非建档立卡资助。建档立卡对象根据《P县脱贫攻坚贫困户精准扶贫手册》确定,是刚性指标,很好识别,且不占指标;非建档立卡对象标准模糊,识别困难,且处于同一生活水平线的很多,加之一些家长思想素质不高,攀比心理严重;资助政策正面宣传和对政策客体的正面引导力度不够,致使一些家长或监护人认为资助也是一种社会福利,应人人享受。所以一些普惠性民办幼儿园为了自身利益,为了避免矛盾激化,本来应公示资助客体名单,这些普惠性民办幼儿园却"隐蔽"操作,不敢公开,私下交流,凸显出一种回避矛盾、迎合市场求生存的心理。还有一些普惠性民办幼儿园为应付上级检查,简单拍照保存照片备查,这也是"留痕"的监管手段的表征,说明检查制度设计也许存在政策缺陷。

还有一些落后地区,典型的"乡土文化"至今尚存,凡涉及自己的利益时,这些文化遗毒就会死灰复燃,甚至困扰当事人正常生活,诸如家长给普惠性民办幼儿园某位老师或园长暗示过他(她)渴望得到资助,后来因指标存在限度,这位家长的幼儿不属于精准扶贫对象,并且其上学期已享受过这种待遇。老师考虑到生源稳定,处于同一生活水准的家庭太多,一时无法一一满足其欲求,要么轮流享受,要么一学期500元,考虑由五位幼儿共享,均等配置资助资源,即资助资金的再分配。笔者在田野考察中发现,极个别偏远乡镇确实存在这种现象,先联系好五位家长,以一位幼儿名义领下来,再进行第二次分配,即由五位幼儿均等配置资助资源。这样也许资助客体才会认可资助资源配置方案是公平的。如果曾经暗示过老师或园长的家长没有如愿,那么,该家长就可能故意生事,诸如若老师上课或户外活动不够小心,幼儿稍有手部、脚部或其他部位有非常微小的碰痕或擦伤,那么马上上纲上线,大闹幼儿园,故意渲染气氛,到处乱讲,要求对方赔偿,并漫天要价,四处扬言要去区教育局、县政府、纪委等单位实名举报等。鉴于上述困境,一些普惠性民办幼儿园就直接选择"暗箱操作",欺上瞒下。这从某种程度上讲,也许是无奈的选择!

非建档立卡对象本身没有国家权威的认定标准,本身识别难度较大。要实实在在地对比、筛选,耐心细致地解读政策,与政策客体亲切地沟通,应能较为准确地甄别、遴选资助客体,只是这样做的行为成本较高,运行主体基于利己的动机、提升办事效率而一般不愿选择这种行为方式。

当然普惠性民办幼儿园不可能自己单独创立一套临界贫困认定标准，一是本身能力所限度；二是政策一定要体现国家意志，维护其权威性、统一性，即使有这种能力也是绝对不能自制政策的。

以上是政策运行主体行为耗费与政策运行效益的关系的反应。所谓政策运行主体行为耗费是指政策运行主体在政策运行过程中所耗费的行为成本，包括脑力劳动成本、体力劳动成本、机会成本等。[1]任何一个政策运行主体都是一个"理性经济人"，都有利己的动机和运行成本与运行效益的考量，如果循规付出成本比效益高，他可能选择违规路径；如果循规付出成本比效益低，他可能选择循规路径。同时政策运行主体运行中的行为成本还与政策主体运行能力、行为机会有关。若政策运行主体选择循规路径能力弱，行为成本就高；且政策运行主体行为机会不成熟，行为成本也会高。

以上一些普惠性民办幼儿园的关键行为"隐蔽性""欺骗性"也是出于对自己行为成本与行为效益、行为机会的思忖，最后做出的选择。这是一项民生工程，利在当代，功在千秋。若筛选出的对象不适合，会直接浪费公共资金，这种违规行为必须坚决予以制止。

纵观以上三项政策在P县这个具体时空呈现明显的各自的动态运行特征，不过三者在此动态运行时凸显出一个共同特征：以"利益""人情"为核心构成的非制度性因素正在隐形地影响政策的运行效益。当今中国传统文化最核心的特征是"人情"，即重人情，讲关系，所以人们在日常生活中基于利己的动机往往利用各种手段、各种机会来构建自己生存的社会关系网络，人们在关系网络中以利益交换为载体来达成情感交流、结成或固化关系网络；同时因人们在关系网络中掌握资源"量"的多少、"质"的优劣而表征为权力、地位、声望等资源分配上的差异，从而在关系网络中形成"差序格局"。普惠性民办幼儿园处于众多强势公办园环绕、民办幼儿园群体各自基于不同的利益诉求而组织和协调成本不断攀升的"同质化"集体中，每一

---

[1] 丁煌.政策执行阻滞机制及其防治对策——一项基于行为和制度的分析[M].北京：人民出版社，2002：106.

位普惠性民办幼儿园的举办者都不同程度地面临着生存压力，政府作为社会资源的管理者和分配者，掌握着办园资质的审核、认定，年度审核及结果的评定，师资的免费培训，硬件设施的经费补贴等权利和资源，作为政策运行主体的专业水平和道德水平，在改革开放和市场经济的浸润下是否会异化？一些普惠性民办幼儿园举办者出于自己的利益最大化的考虑，往往会利用一些机会给运行主体以利益诱惑，以固化自己的既得利益或寻求新的利益表达，诸如年度审核等级的最终决策，奖补资金的审核、发放，教师参加"国培计划"，同一标准资助客体的最后遴选，等等。本身资源严重短缺，政策客体多，且一些政策客体欲望无限，往往话语权掌握者的个体偏好会影响评价的公正、公平和利益分配的公开、透明。如极少数普惠性民办幼儿教师外出参加国培，因没有健全的遴选机制，资源的分配者基于个人情感而"暗箱操作"。更严重的是即原教育局个别领导在一些普惠性民办幼儿园存在"利益表达的特殊渠道和方式"，[1]构成一个利益链，不可避免地存在利益偏向而影响政策运行的公正性、公平性，尽管后来被查处，但负面影响至今未完全消除。所以以"利益""人情"为核心的社会关系网络正在隐形弱化政策运行效益，慢慢扭曲政策运行方向，渐渐腐蚀人际关系。

作为政策运行主体的地方政府应加强对政策运行环节的监管、时刻倾听政策目标群体的意见和建议，以不断改进政策运行方式，不断提升政策运行效益。

本章小结

本章分析了普惠性民办幼儿园政策的运行特征，首先，提炼普惠性民办幼儿园政策运行特征，即以"利益""人情"为核心构成的政策网络。然后

---

[1] [美]加布里埃尔.A.阿尔蒙德，小G.宾厄姆.鲍威尔.比较政治学：体系、过程和政策[M].曹沛霖，郑世平，公婷，译.上海：上海译文出版社，1987：229.

分别从三个政策具体展开归纳、提炼。幼师培训政策运行：存在体制偏差，"公""民"失衡，亟待优化幼师培训资源制度协调机制。奖补资金政策运行：缺乏可持续性，非营利性保障制度亟待健全。幼儿资助政策运行：政策关键环节具有"隐蔽性""欺骗性"，精准扶贫的精准度亟待提升。

结语

"普惠性民办幼儿园"这一中国本土概念，从学界的争论到官方的认可，经过了一段时光，成为对民办幼儿园的一种分类管理，并被赋予其相应的社会责任。"普惠性民办幼儿园政策"是政府整合普惠性学前教育资源来提供普惠性学前教育服务这一特殊社会背景而诞生的一项权宜性政策。它主要包括培训幼师、奖补举办者、资助幼儿三项内容，存在着三种政策客体，要全面、深刻、透彻地反映这一政策在一具体地域的运行样态，笔者避开纯思辨的理论研究，将目光转向乡村社会的现实生活，观察这一静态的政策文本在P县这一具体空间范围内动态运行的状态。选择的P县这一政策活动的舞台，无论它在过去还是现在，是否存在可圈可点之处，确实还不敢妄下结论。但现在从我已了解的情况来看，只能说它普通得与全国各地一样，"世界上没有完全相同的两片树叶"，不过它也有自己特有的地域特征、乡土文化，正是它的"同"与"异"，也许更能凸显其政策运行特征。

本书试着聆听当事者的故事，其间适度穿插一些政策文本，这样二者有机结合、互补互证，从中探寻理论之"珠"，即对政策运行现状做出理论提升与阐释。

当然，关于政策运行的文献很多，不过选择一个具体地域、一项具体政策、采用人类学的研究方法——民族志在此空间落地生长的具体情形还不多。本研究意在描述普惠性民办幼儿园政策在P县运行的具体样态，通过描述运行具体样态来揭示其背后深刻缘由；再针对其深刻缘由，尝试提出正确的政策运行路径，揭示政策运行特征。这也许能从侧面折射出当地政策生态、乡土文化。

本研究言止于此，不过意犹未尽，始终觉得许多问题因自己理论水平有限、文字表达能力欠缺等而未清楚呈现，背后缘由揭示不够；很多问题未继续深挖，得出的结论难免浅薄，所以只能留待后续努力吧！

"自然中之物，互相关系，互相限制，故不能有完全之美"，王国维的这一名言也许可以作为对本人这"最初级产品"的描述。"尽吾志而不能至者，可以无悔矣"，以此作为研究的基点，在今后的学术探索中凭借更加执着的精神，也许能达到一种较为完满的境界。

参考文献

中文类

（一）著作类

[1] 周恩来.周恩来选集（上卷）[M].北京：人民出版社，1980.

[2] 刘少奇.刘少奇选集（上卷）[M].北京：人民出版社，1981.

[3] 周恩来.周恩来选集（下卷）[M].北京：人民出版社，1984.

[4] 刘少奇.刘少奇选集（下卷）[M].北京：人民出版社，1985.

[5] 毛泽东.毛泽东选集（第1卷）[M].北京：人民出版社，1991.

[6] 毛泽东.毛泽东选集（第2卷）[M].北京：人民出版社，1991.

[7] 毛泽东.毛泽东选集（第3卷）[M].北京：人民出版社，1991.

[8] 毛泽东.毛泽东选集（第4卷）[M].北京：人民出版社，1991.

[9] 邓小平.邓小平文选（第3卷）[M].北京：人民出版社，1993.

[10] 邓小平.邓小平文选（第1卷）[M].北京：人民出版社，1994.

[11] 邓小平.邓小平文选（第2卷）[M].北京：人民出版社，1994.

[12] 任继愈，张岱年，冯契，等.中国哲学史通览[M].上海：东方出版中心，1994.

[13] 费孝通.走出江村[M].北京：人民日报出版社，1997.

[14] 刘晓东.儿童精神哲学[M].南京：南京师大出版社，1999.

[15] 胡适.中国中古思想史长编[M].合肥：安徽教育出版社，1999.

[16] 李方.现代教育科学研究方法[M].广州：广东高等教育出版社，1999.

[17] 周浩波.教育哲学[M].北京：人民教育出版社，2000.

[18] 郑金洲.教育文化学[M].北京：人民教育出版社，2000.

[19] 曾天山.20世纪的中国（教育事业卷）[M].兰州：甘肃人民出版社，2000.

[20] 应星.大河移民上访的故事[M].北京：生活.读书.新知三联书店，2001.

[21] 赵敦华.西方哲学史[M].北京：北京大学出版社，2001.

[22] 张曙光.生存哲学——走向本真的存在[M].昆明：云南人民出版社，2001.

[23] 洪远朋，叶正茂，姚康镛，等.共享利益论[M].上海：上海人民出版社，2001.

[24] 袁振国.教育政策学[M].南京：江苏教育出版社，2001.

[25] 费孝通.江村经济——中国农民的生活[M].北京：商务印书馆，2001.

[26] 陈向明.教师如何作质的研究[M].北京：教育科学出版社，2001.

[27] 丁煌.政策执行阻滞机制及其防治对策[M].北京：人民出版社，2002.

[28] 任继愈.中国哲学史[M].北京：人民出版社，2003.

[29] 叶秀山，王树人.西方哲学史[M].南京：江苏人民出版社，2003.

[30] 张敏杰.中国弱势群体研究[M].长春：长春出版社，2003.

[31] 汪子嵩，范明生，陈村富.希腊哲学史（上）[M].北京：人民出版社，2003.

[32] 汪子嵩，包利民，陈村富，等.希腊哲学史（下）[M].北京：人民出版社，2003.

[33] 陈振明.政府再造——西方"新公共管理运动"述评[M].北京：中国人民大学出版社，2003.

[34] 刘复兴.教育政策价值分析[M].北京：教育科学出版社，2003.

[35] 孙彩平.教育的伦理精神[M].太原：山西教育出版社，2004.

[36] 吴忠民.社会公正论[M].济南：山东人民出版社，2004.

[37] 石元康.罗尔斯[M].桂林：广西师范大学出版社，2004.

[38] 刘雪明.政策科学研究[M].长沙：湖南人民出版社，2004.

[39] 金太军，钱再见，张方华，等.公共政策执行梗阻与消解[M].广州：广东人民出版社，2005.

[40] 李和中，陈广胜.西方国家行政机构与人事制度改革[M].北京：社

会科学文献出版社，2005.

[41] 梁漱溟.中国文化要义[M].上海：上海世纪出版社，2005.

[42] 孙霄兵、孟庆瑜.教育的公正与利益——中外教育经济政策研究[M].上海：华东师范大学出版社，2005.

[43] 刘雪明.政策运行过程研究[M].南昌：江西人民出版社，2005.

[44] 樊钉.公共政策[M].北京：国家行政学院出版社，2005.

[45] 李春秋.教育伦理学概论[M].北京：北京师范大学出版社，2006.

[46] 夏基松.现代西方哲学[M].上海：上海人民出版社，2006.

[47] 陈潭.单位身份的松动——中国人事档案制度研究[M].南京：南京大学出版社，2007.

[48] 朱家雄.中国视野下的学前教育[M].上海：华东师范大学出版社，2007.

[49] 周予同.中国现代教育史[M].福州：福建教育出版社，2007.

[50] 郝云.利益理论比较研究[M].上海：复旦大学出版社，2007.

[51] 刘晓东.解放儿童[M].南京：江苏教育出版社，2008.

[52] 储朝晖.中国幼儿教育忧思与行动[M].南京：南京师范大学出版社，2008.

[53] 改革开放以来的教育发展历史性成就和基本.经验研究课题组.改革开放30年中国教育重大历史事件[M].北京：教育科学出版社，2008.

[54] 于述胜，李兴洲，倪烈宗，李涛.中国教育三十年（1978—2008）[M].成都：四川教育出版社，2008.

[55] 吴忠民.走向公平的中国社会[M].济南：山东人民出版社，2008.

[56] 林卡，陈梦雅.社会政策的理论和研究范式[M].北京：中国劳动社会保障出版社，2008.

[57] 李允杰，丘昌泰.政策执行与评估[M].北京：北京大学出版社，2008.

[58] 陈潭.公共政策案例分析[M].北京：社会科学文献出版社，2008.

[59] 刘伯龙，竺乾威.当代中国公共政策（第二版）[M].上海：复旦大学出版社，2009.

[60] 费孝通.乡土中国[M].北京：北京出版社，2009.

[61] 刘森林.实践的逻辑[M].北京：社会科学文献出版社，2009.

[62] 刘世清.教育政策伦理[M].上海：上海教育出版社，2010.

[63] 张岱年.中国哲学史[M].北京：中国大百科全书出版社，2010.

[64] 王海英.常识的颠覆——学前教育市场化改革的社会研究[M].桂林：广西师范大学出版社，2010.

[65] 刘献君.教育研究方法高级讲座[M].武汉：华中科技大学，2010.

[66] 孙绵涛.教育政策学[M].北京：中国人民大学出版社，2010.

[67] 邓旭.教育政策执行研究：一种制度分析的范式[M].北京：教育科学出版社，2010.

[68] 王伟光.利益论[M].北京：中国社会科学出版社，2010.

[69] 周采.比较学前教育[M].北京：人民教育出版社，2010.

[70] 刘晓苏.事业单位人事制度改革研究[M].上海：上海交通大学出版社，2011.

[71] 褚宏启.教育政策学[M].北京：北京师范大学出版社，2011.

[72] 杨洪.印度弱势群体：教育与政策[M].北京：人民出版社，2011.

[73] 王绍光.波兰尼《大转型》与中国的大转型[M].北京：生活.读书.新知三联书店，2012.

[74] 柳倩.国际处境不利学前儿童政策研究[M].上海：华东师范大学出版社，2012.

[75] 周兢.国际学前教育政策比较研究[M].上海：华东师范大学出版社，2012.

[76] 陈潭.治理的秩序——乡土中国的政治生态与实践逻辑[M].北京：人民出版社，2012.

[77] 庞丽娟.政府主导创新体制——我国地方学前教育改革探索与政策启示[M].北京：北京师范大学出版社，2012.

[78] 冯友兰.中国哲学简史[M].涂又光，译.北京：北京大学出版社，2013.

[79] 霍力岩，黄爽，陈雅川.美、英、日、印四国学前教育体制的比较研究（上、下）[M].北京：北京师范大学出版社，2013.

[80] 蔡迎旗.幼儿教育政策法规[M].北京：高等教育出版，2014.

[81] 教育部法制办公室.学期教育政策法规规章汇编[M].北京：首都师范大学出版社，2014.

[82] 严仲连.在传统与现在之间后殖民视野下的学前教育政策研究[M].上海：华东师范大学出版社，2014.

[83] 洪远朋.论利益——洪远朋利益理论与实践研究文集[M]上海：复旦大学出版社，2014.

[84] 胡适.中国哲学史大纲[M].北京：中华书局，2015.

[85] 李江源，王雄.走向公平——教育公平的人学书写[M].成都：四川教育出版社，2015.

[86] 杨思帆.处境不利儿童教育补偿政策与实践——美国、印度、中国三国的比较研究[M].南昌：江西人民出版，2016.

[87] 任剑涛.公共政治哲学[M].北京：商务印书馆，2016.

[88] 郑永年.中国改革路线图[M].北京：东方出版社，2016.

[89] 曹能秀.美英日三国学前教育改革的比较研究（2001—2015）[M].北京：人民出版社，2016.

[90] 陈辉.公共行政分析——理论范式与实践逻辑[M].南京：南京师范大学出版社，2016.

[91] 张林山，孙凤仪，等.改革梗阻现象：表现、根源与治理[M].北京：社会科学文献出版社，2017.

（二）外文译著类

[1]〔英〕洛克.政府论（下）[M].叶启芳，瞿菊农，译.北京：商务印书馆，1964.

[2]〔英〕洛克.政府论（上）[M].叶启芳，瞿菊农，译.北京：商务印书馆，1982.

[3]〔法〕莫里斯.迪韦尔热.政治社会学——政治要素[M].杨祖功，王大东，译.北京：华夏出版社，1987.

[4]〔美〕约翰.罗尔斯.正义论[M].何怀宏，何包刚，廖申白，译.北京：中国社会科学出版社，1988.

[5]〔美〕哈罗德.D.拉斯韦尔.政治学[M].杨昌裕，译.北京：商务印书馆，1992.

[6]〔美〕戴维.伊斯顿政治体系——政治学状况研究[M].马清槐,译.北京：商务印书馆,1993.

[7]〔英〕佛理德力西.冯.哈耶克.自由秩序原理[M].邓正来,译.北京：生活.读书.新知三联书店,1997.

[8]〔美〕约翰.罗尔斯.政治自由主义[M].万俊人,译.南京：译林出版社,2000.

[9]〔美〕丹尼斯.郎.(Dennis H.Wrong)权力论[M].陆震纶,郑明哲,译.北京：中国社会科学出版社,2001.

[10]〔美〕迈克尔.罗斯金(Michael G.Roskin),科德(Robert L.Cord),梅代罗斯(James A.Medeiros),等.政治学[M].林震,王锋,范贤睿,等,译.宁骚,校.北京：华夏出版社,2002.

[11]〔美〕罗尔斯.作为公平地正义——正义新论[M].姚大志,译.上海：上海三联书店,2002.

[12]〔英〕斯蒂芬.鲍尔.政治与教育政策的制定[M].王玉秋,孙益,译.袁振国,审校.上海：华东师大出版社,2003.

[13]〔美〕詹姆斯.J.海克曼.提升人力资本投资的政[M].曾湘泉,等,译.上海：复旦大学出版社,2003.

[14]〔法〕皮埃尔.布迪厄.实践感[M].蒋梓骅,译.南京：译林出版社,2003.

[15]〔德〕阿克塞尔.霍耐特.为承认而斗争[M].胡继华,译.曹卫东,校.上海：上海世纪出版集团,2005.

[16]〔美〕詹姆斯.麦格雷哥.伯恩斯（James MacGregor Burns）.领导论[M].常健,孙海云,等,译.常健,校.北京：中国人民大学出版社,2006.

[17]〔日〕沟口雄三,小岛毅.中国的思维世界[M].孙歌,等,译.南京：江苏人民出版社,2006.

[18]〔美〕弗朗西斯.C.福勒.教育政策学导论（第二版）[M].许庆预,译.袁振国,审校.南京：江苏教育出版社,2007.

[19]〔英〕波特兰.罗素.西方哲学史[M].张作成,编,译.北京：北京出版社,2007.

[20]〔美〕丹尼斯.B.贝克（Daniel B.Baker）.权力语录[M].王立斌,张文涛,译.南京：江苏人民出版社,2008.

[21]〔美〕史蒂文.卢克斯.权力：一种激进的观点[M].彭斌,译.南京：江苏人民出版社,2008.

[22]〔美〕詹姆斯.E.安德森.公共政策制定（第五版）[M].谢明,等,译.北京：中国人民大学出版社,2009.

[28]〔加〕梁鹤年,Hok Lin Leung.政策规划与评估方法[M].丁进锋,译.北京：中国人民大学出版社,2009.

[29]〔美〕威廉.N.邓恩.公共政策分析导论（第二版）[M].谢明,杜子芳,等,译.谢明,校.北京：中国人民大学出版社,2010.

[30]〔美〕涛慕思.博格.康德、罗尔斯与全球正义[M].刘莘,徐向东,等,译.上海：上海译文出版社,2010.

[31]〔美〕托马斯.R.戴依.理解公共政策（第十二版）[M].谢明,译.北京：中国人民大学出版社,2011.

[32]〔美〕苏珊.纽曼（Susan B.Neuman）.学前教育改革与国家反贫困战略——美国的经验[M].李敏谊,霍力岩,译.北京：教育科学出版社,2011.

[33]〔瑞典〕T.胡森,〔德〕T.N.波斯尔斯维斯.教育大百科全书.各国（地区）教育制度（上、下）[M].李家永,马慧,姚朋,译审.重庆：西南师范大学出版社,2011.

[34]〔美〕D.C.菲利普斯.教育大百科全书.教育哲学[M].石中英,译审.重庆：西南师范大学出版社,2011.

[35]〔美〕L.G.卡茨.教育大百科全书.学前教育[M].刘焱,译审.重庆：西南师范大学出版社,2011.

[36]〔美〕斯蒂芬L.申苏尔（Stephen L.Schensul）,琼.J. 申苏尔（Jean J. Schensul）,玛格丽特.D.勒孔特（Margaret D.LeCompte）.民族志方法要义：观察、访谈与调查问卷[M].康敏,李荣荣,译.重庆：重庆大学出版社,2012.

[37]〔英〕波特兰.罗素.权力论[M].吴友兰,译.北京：商务印书馆,2012.

[38]〔美〕大卫.M.费特曼.民族志：步步深入[M].龚建华,译.重庆：重庆大学出版社,2013.

[39]〔美〕爱德华.佛李曼,杰弗里.哈里森,等.利益相关者理论现状与展望[M].盛亚,李靖华,等,译.北京：知识产权出版社,2013.

[40]〔美〕萨缪尔.弗雷德.罗尔斯[M].张国清,译.北京：华夏出版社,2013.

[41]〔美〕珍妮特.V.登哈特（Janet V.Denhardt）,罗伯特.B.登哈特（Robert B.Denhardt）.新公共服务：服务,而不是掌舵[M].丁煌,译.方兴,丁煌,校.北京：中国人民大学出版社,2016.

[42]〔以色列〕阿维沙伊.马甲利特.体面社会[M].黄胜强,许铭原,译.北京：中国社会科学出版社,2015.

[43]〔英〕Steph P.Osborne.新公共治理？——公共治理理论和实践方面的新观点[M].包国宪,赵晓军,等,译.赵晓军,校.北京：科学出版社,2016.

[44]〔美〕德龙.阿西莫格鲁,詹姆斯.A.洛滨逊.国家为什么会失败[M].李增刚,译.徐彬,校.长沙：湖南科学技术出版社,2017.

（三）期刊类

[1] 薛淑云.普惠制探析[J].天津大学学报（社会科学版）,2000(1).

[2] 冯晓霞.努力促进幼儿教育的民主化——世界幼儿教育改革与发展的重要趋势[J].学前教育研究,2002(2).

[3] 李金玲.世界贸易组织框架下我国普惠制运用相关问题的研究[J].前沿,2003(11).

[4] 庞丽娟,胡娟,洪秀敏.学前教育的价值[J].学前教育研究,2003(1).

[5] 潘天群.博弈论中理性人假设的困境[J].经济学家,2003(4).

[6] 朱冬梅.普惠制方案的修订对我国出口贸易的影响及应对措施[J].经济纵横,2004(10).

[7] 申浩,杨勇.论欧盟普惠制毕业机制及其对中国的影响[J].世界经济研究,2005(4).

[8] 张发坤.论WTO中的普惠制原则[J].马克思主义与现实（双月刊）,

2005(4).

[9] 庞丽娟,韩小雨.我国农村义务教育教师队伍建设:问题及其破解[J].教育研究,2006(5).

[10] 王海英.学前教育还是"教育"吗——从深圳的公办园转企说开去[J].学前教育研究,2007(1).

[11] 刘长兴.普惠性——教育工作的新目标[J].天津教育,2007(2).

[12] 冯晓霞,蔡迎旗.我国幼儿园教师队伍现状分析与政策建议[J].人民教育,2007(11).

[13] 冯晓霞,蔡迎旗.世界幼教事业发展趋势:国家财政支持幼儿教育[J].学前教育研究,2007(5).

[14] 刘珩.部分的真理——文学文本与人类学民族志的"书写"[J].民族文学研究,2007(3).

[15] 庞丽娟,沙莉,刘小蕊.印度学前教育公平的法律与政策研究[J].教育发展研究,2008(13-14).

[16] 刘焱,潘月娟.《幼儿园教育环境质量评价量表》的特点、结构和信效度检验[J]学前教育研究,2008(6).

[17] 杨殿斛.从方志到民族志:中国民族音乐研究的现代进程[J].小说评论,2008(5).

[18] 王海英.20世纪中国儿童观研究的反思[J].华东师大学报(教育科学版),2008(2).

[19] 洪远朋,郝云.十七大对马克思主义利益理论的坚持与发展[J].复旦学报(社会科学版),2008(3).

[20] 庞丽娟.加快学前教育的发展于普及[J].教育研究,2009(5).

[21] 刘焱.对我国学前教育几个基本问题的探讨——兼谈我国学前教育未来发展思路[J].教育发展研究,2009(8).

[22] 庞丽娟.立法促进高素质幼儿教师队伍建设:台湾地区的经验及其启示[J].教师教育研究,2009(4).

[23] 王海英.解读幼儿园中的教师社会——基于社会学的分析视角[J].学前教育研究,2009(3).

[24] 庞丽娟,夏靖,孙美红.世界主要国家和地区弱势儿童学前教育扶

助政策研究[J].教育学报,2010(5).

[25] 庞丽娟,韩小雨,谢云丽,李琳,夏靖.完善机制落实义务教育教师绩效工资政策[J].教育研究,2010(4).

[26] 庞丽娟、韩小雨.中国学前教育立法:思考与推进[J].北京师大学报(社会科学版),2010(5).

[27] 庞丽娟,夏靖,韩小雨.香港学前教育财政投入政策:特点及启示[J].教育发展研究,2010(11).

[28] 庞丽娟,夏靖,张霞.世界主要国家和地区学前教育免费教育政策:特点与启示[J].比较教育研究,2010(10).

[29] 宋秋英.20世纪90年代以来美国学前读写教育改革动向之管窥——基于对"开端计划"改进措施的分析[J].外国教育研究,2010(6).

[30] 丁金霞,庞丽娟.社会体制转型与学前教育的重新定位[J].学前教育研究,2010(3).

[31] 冯晓霞.大力发展普惠性幼儿园是解决入园难入园贵的根本[J].学前教育研究,2010(5).

[32] 王春英.发展农村和贫困地区学前教育是促进教育起点公平的重要举措[J].学前教育研究,2010(5).

[33] 刘焱,康建琴,潘月娟,等.我国学前教育财政投入的路径选择——以浙江省安吉县为参照标准[J].教育学报,2010(5).

[34] 周燕.影响城乡学前教育公平与均衡发展的制度因素分析——以广东省为个案[J].学前教育研究,2010(5).

[35] 罗宗志.权力理论的知识谱系——基于意向性视角的解读[J].理论与实践,2010(5).

[36] 唐圆梦.从马克思主义的利益理论视角审视马尔库塞的"单向度的人"[J].前沿,2010(7).

[37] 丁宏.北极民族学考察记——兼谈民族志的写作[J].西北民族研究,2011(4).

[38] 庞丽娟.加快推进《学前教育法》立法进展[J].教育研究,2011(8).

[39] 姚伟.当代美国儿童福利政策的特点[J].外国教育研究,2011(5).

[40] 冯晓霞,周兢.构筑国家财富——联合国教科文组织首届世界幼儿保育和教育大会简介[J].学前教育研究,2011(1).

[41] 熊文钊.中央与地方的博弈:一场1和N的较量[J].人民论坛,2011(9)(上).

[42] 宋映泉.不同类型幼儿园办学经费中地方政府分担比例及投入差异——基于3省25县的微观数据[J].教育发展研究,2011(17).

[43] 王海英.学前教育不公平的社会表现、产生机制及其解决的可能途径[J].学前教育研究,2011(8).

[44] 刘焱,史瑾,裘指挥."国十条"颁布后学前教育发展的现状与问题[J].教育发展研究,2011(24).

[45] 李钧鹏.何谓权力———从统治到互动[J].华中科技大学学报(社会科学版),2011(3).

[46] 庞丽娟,洪秀敏,孙美红.高位入手顶层设计我国学前教育政策[J].教育研究,2012(10).

[47] 庞丽娟,范明丽.当前我国学前教育管理体制面临的主要问题与挑战[J].教育发展研究,2012(4).

[48] 庞丽娟.《幼儿园教师专业标准》的研制背景、指导思想与基本特点[J].学前教育研究,2012(7).

[49] 庄小满.普惠性民办幼儿园的意义、困境与对策[J].学前教育研究,2012(11).

[50] 秦旭芳.普惠性幼儿园的内涵、衡量标准及其政策建议[J].学前教育研究,2012(7).

[51] 齐晓恬.美、英、印三国学前教育财政投入的保障机制特点分析[J].河北师范大学学报(教育科学版),2012(6).

[52] 刘焱,秦金亮,潘月娟,等.学前一年幼儿入学语言准备的城乡比较研究[J].教育学报,2012(10).

[53] 王玲艳.关于当前世界学前教育投入的热点话题分析[J].早期教育,2012(6).

[54] 张曾莲.当前学前教育成本核算存在的主要问题及其解决[J].学前教育研究,2012(9).

[55] 武端利，韩潇筠，邱霞萍.国外学前教育公共财政投入模式及其启示——我国学前教育改革的国际比较[J].现代教育科学（普教研究），2012(3).

[56] 庞丽娟.我国学前教育指标体系的现状、问题及其完善[J].学前教育研究，2013(2).

[57] 庞丽娟，范明丽.完善我国学前教育管理体制[J].教育研究，2013(10).

[58] 庞丽娟，张丽敏，肖英娥.促进我国城乡幼儿园教师均衡配置的政策建议[J].教师教育研究，2013(5).

[59] 王海英.质量公平：当下教育公平研究与实践的新追求[J].湖南师大学教育科学学报，2013(6).

[60] 郭磊.非营利性民办学前教育组织发展的机理、困境与对策[J].教育研究，2013(3).

[61] 庞丽娟.国际学前教育发展战略：普及、公平与高质量[J].教育学报，2013(3).

[62] 丁秀棠."普惠性"目标定位下民办学前教育的现状与发展[J].学前教育研究，2013(3).

[63] 刘焱，赵军海，张丽.学前一年教育效能的增值评价研究[J].教育学报,2013(6).

[64] 刘焱，宋妍萍.我国城市3—6岁儿童家庭学前教育消费支出水平调查[J].华中师范大学学报(人文社会科学版)，2013(1).

[65] 刘焱，史瑾，潘月娟.世界学前教育排名比较研究及启示[J].比较教育研究,2013(2).

[66] 吕萍，付欣悦.普惠性幼儿教育机构发展现状及其分析：非营利性组织的视角[J].教育发展研究，2013(6).

[67] 夏靖，庞丽娟.我国幼儿教师培养政策：特点、矛盾与建议[J].教师教育研究，2014(4).

[68] 庞丽娟，孙美红，夏靖.世界主要国家和地区政府主导推进学前教育公平的政策及启示[J].学前教育研究，2014(1).

[69] 蔡迎旗.幼儿园收取"赞助费"现象原因分析与对策建议[J].学前

教育研究，2014(10).

[70] 虞永平.建设益童、惠民、利国的学前教育公共服务体系[J].人民教育，2014(11).

[71] 雷芳.长株潭三市普惠性民办幼儿园建设存在的问题与对策建议[J].学前教育研究，2014(11).

[72] 赵明玉.英国普惠性学前教育政策及启示[J].外国教育研究，2014(8).

[73] 梁惠娟.我国地方普惠性民办教师政策分析及其启示[J].学前教育研究，2014(6).

[74] 王海英.教育改革和发展需要怎样的政府支持[J].教育发展研究，2014(13).

[75] 王海英.我国学前教育公共服务体系的组成与建构[J].学前教育研究，2014(7).

[76] 邬平川.我国学前教育投入的政府责任探究[J].教育学报，2014(6).

[77] 吕苹.论学前教育的公共性[J].教育发展研究，2014(4).

[78] 刘焱，涂玥，康建琴.学前一年教育纳入义务教育的经费需求及可行性研究[J].教育学报，2014(6).

[79] 蔡华.当代民族志方法论——对克利福德质疑民族志可行性的质疑[J].民族研究，2014(3).

[80] 李晖.学前教育普惠性研究综述[J].教育研究与实验，2015(5).

[81] 彭湃.公共财政支持普惠性幼儿园：基于学券制分析框架的中美比较[J].教育与经济，2015(2).

[82] 高天好.普惠性幼儿园成本效益分析[J].知识经济，2015(4).

[83] 戴孟雷.区域学前教育师资普惠性配置的实践探索[J].上海教育科研，2015(6).

[84] 刘善槐，邬志辉.农民工随迁子女普惠性民办校发展的困境与政策应对[J].华中师范大学学报(人文社会科学版)，2015(5).

[85] 李召存.对学前教育质量评估框架建构的思考[J].中国教育学刊，2015(10).

[86] 赖竹婧.学前教育基于事业发展过程与基本策略[J].中国教育学刊,2015(11).

[87] 李宏堡,王海英.OECD国家学前教育成本分担现状及其启示[J].学前教育研究,2015(3).

[88] 刘焱,李相禹.巴西推进学前教育的政策、举措及其未来发展[J].比较教育研究,2015(3).

[89] 赵彦俊,嵇玲玲.民族地区学前教育投入的差异分析——基于云南、广西等八省区的数据统计[J].民族教育研究,2015(6).

[90] 刘焱,康建琴,涂玥.学前一年教育纳入义务教育的条件保障研究[J].教育研究,2015(7).

[91] 祝贺.地方政府如何促进普惠性民办园的发展——来自美国学前教育PPP模式的经验[J]教育发展研究,2016(20).

[92] 胡耀岗.我国普惠性学前教育的发展研究[J].教育探索,2016(5).

[93] 柳倩.我国学前教育推行公司合作模式的风险及其规避:国际视角[J].教育发展研究,2016(20).

[94] 刘颖.普惠性学前教育政策的执行偏差:表现、原因及对策分析[J].教育发展研究,2016(6).

[95] 郭卉.浅析我国学前教育管理的创新[J].教学研究,2016(11).

[96] 赵海利.美国政府学前教育投入的特点、趋势与启示[J].教育研究,2016(5).

[97] 杨思帆.处境不利儿童教育补偿政策的理论基础、国际经验及本土策略——基于美国、印度两国教育政策的分析[J].西南大学学报(社会科学版),2017(5).

(四)报纸类

[1] 王海英.学前教育观察:政府购买民办园服务的路径在哪?[N].中国教育报,2011-9-6.

[2] 庞丽娟.学前教育财政投入结构亟须优化[N].中国教育报,2014-5-25.

[3] 顾明远.对教育本质的新认识[N].光明日报,2016-3-30.

[4] 陆士桢.加快构建普惠型儿童福利体系[N].光明日报,2016-5-30.

[5] 李立国.一级学科能等同于一流学科吗？[N].光明日报，2016-7-5.

[6] 严蔚刚.科研评价应遵循什么基本原则——与莱顿宣言、旧金山宣言的对话[N].光明日报，2016-7-12.

[7] 甘肃省教育厅：县域义务教育均衡推进不力将被问责[N].中国青年报，2016-08-11.

[8] 刘博超.教育部与8省市签署学校美育改革发展备忘录[N].光明日报，2016-8-30.

[9] 刘博超.美育短板如何补足[N].光明日报，2016-9-1.

（五）学位论文类

[1] 吴晓蓉.仪式中的教育——摩梭人成年礼的教育人类学分析[D].重庆：西南师范大学，2003.

[2] 李保强.教育格言及其现实问题研究[D].兰州：西北师范大学，2006.

[3] 刘彤.美国"开端计划"历程研究[D].保定：河北大学，2007.

[4] 吴鹏芳.权力与知识——福柯的权力观探究[D].兰州：兰州大学，2007.

[5] 徐雨虹.新制度经济学视野下的我国学前教育投资制度研究[D].上海：华东师范大学，2007.

[6] 魏峰.乡土社会的教育政策运行——M县民办教师的民族志[D].南京：南京师范大学，2008.

[7] 刘欣.由教育政策走向教育公平——我国基础教育政策的公平机制研究[D].武汉：华中师范大学，2008.

[8] 朱永坤.教育政策公平性研究——基于义务教育公平问题的分析[D].长春：东北师范大学，2008.

[9] 卜叶蕾.权力运作——从福柯的权力理论视角解读卡夫卡的《城堡》[D].北京：北京交通大学，2008.

[10] 薛立强.授权体制：改革时期政府间纵向关系研究[D].天津：南开大学，2009.

[11] 吕星宇.论教育过程公平[D].上海：华东师范大学，2009.

[12] 顾尔伙.博弈中的心智发展——"克智"能手养成研究[D].重庆：

西南大学，2012.

[13] 郑子莹.民办幼儿园政府规制研究[D].重庆：西南大学，2013.

[14] 邬平川.学前教育投入的财政法保障研究[D].合肥：安徽大学，2014.

[15] 张世义.利益相关者理论视角下的高校学前教育专业本科人才培养研究[D].南京：南京师范大学，2014.

[16] 高健.幼儿园教师健康胜任力研究[D].南京：南京师范大学，2015.

英文类

[1] Bob Ellis. Report Find Universal Preschool Benefit 'Substantially Overstated',WSJ piece, 2008, (8): 2.

[2] Aguirre, E., Gleeson, T., Mccutchen, A., Mendiola, L., Rich, K., & Schroder, R., et al. A cost-benefit analysis of universally-accessible pre-kindergarten education in texas. Master of Public Service Administration Capstones. 2006, (4).

[3] Universal pre-kindergarten won't be cheap .Nashoba publishing: 2014, July, 4.

[4] New Vanderbilt Study Cast Serious Doubt on the Benefit of Universal Pre-kindergarten .Today Post .2015,October 8. [EB/OL]Retrieved from http://missourieducationwatchdog.com/new-vanderbilt-study-casts-serious-doubt-on-the-benefit-of-universal-pre-k/

[5] Universal Preschool Wikipedia, the free encyclopedia. 2016,December 29. [EB/OL]https://www.wikipedia.org/

[6] New Study Finds Funded universal Kindergarten proivds some Benefits for White Students but no positive Impact for African Amerian Students.Education Next, 2010, March 3.

[7] Views on European Generalized System of preference Regime. [EB/OL] WWW. eurocommerce.be. 2010, May 28.

[8] An update on the Generalized system of preferences. [EB/OL]WWW. eurocommerce.be. 2013, January, 2.

[9] CRAIG.Macphee and VICTOR Iwuagwu Oguledo.The Trade effects of the U.S.Generalized System of preference.1971,[EB/OL]Retrievedfrom https：//link.springer.com/article/10.1007/BF02299116

[10] Walker-Leigh, V. The Generalized System of Preferences: Background to the Recent UNCTAD Agreement. The World Today, 1971,27（1）: 17-24. [EB/OL] Retrieved from http：//www.jstor.org/stable/40394417

[11] Cynthia Foreso.Generalized system of preferences: possible modifications,,Review.August 2014,4,2015. [EB/OL]https：//www.usitc.gov/publications/332/pub4609.pdf

[12] Howse, R. "india's wto challenge to drug enforcement conditions in the european community generalized system of preferences: a little known case with major repercussions for "political" conditionality in us trade policy". Chicago Journal of International Law, ,October 4,2003.

[13] 3 & 4 Year Old Preschool. [EB/OL]http：//www.nypre.com/.

[14] Huang, Y. C. . . Private kindergarten scorecard. Dissertations & Theses - Gradworks.

[15] Peng, H. H. , & Md-Yunus, Sham'ah. (2014) . Do children in montessori schools perform better in the achievement test? a taiwanese perspective. International Journal of Early Childhood, 2007,46（2）: 299-311.

[16] Sachs, J. , & Weiland, C. . Boston's rapid expansion of public school-based preschool promoting quality, lessons learned. Young children, 2010, 65（5）: 74-77.

[17] Walsh, B. A. , Cromer, H. , Weigel, D. J. , & Sanders, L. Reliability and preliminary use of a rubric to assess pre-kindergarten teachers' video uses. Early Childhood Education Journal, . 2013,41（5）: 325-337.

[18] Pazeto, T. D. C. B. , Seabra, A. G. , & Dias, Natália Martins. Executive functions, oral language and writing in preschool children: development and correlations. Paidéia. 2014,24（58）: 213-221.

[19] Brotherson, S. E. , Holmes, E. K. , & Bouwhuis, C. J. . Impacts of a parenting newsletter on fathers of kindergarten children. Fathering: A Journal of

Theory, Research, and Practice about Men as Fathers, 2012,10（1）：31-46.

[20] Plueck, J., Eichelberger, I., Hautmann, C., Hanisch, C., Jaenen, N., & Doepfner, M.. Effectiveness of a teacher-based indicated prevention program for preschool children with externalizing problem behavior. Prevention Science, 2015,16（2）：233-241.

[21] Ige, A. M.. The challenges facing early childhood care, development and education（eccde）in an era of universal basic education in nigeria. Early Childhood Education Journal, 2011,39（2）：161-167.

[22] Rao, N., & Koong, M.. Enhancing preschool education in hong kong. International Journal of Early Childhood, 2000, 32（2）：1-11.

[23] Lee IF., Tseng CL., Jun HJ. Reforming Early Childhood Education as a Smart Investment for the Future: Stories from East Asia. In: Lightfoot-Rueda T., Peach R.L.（eds）Global Perspectives on Human Capital in Early Childhood Education. Critical Cultural Studies of Childhood. Palgrave Macmillan, New York, [EB/OL] ,2015, 119-141. https：//link.springer.com/chapter/10.1057/9781137490865_7

[24] Korintus, & Marta. Early childhood education and care in hungary: challenges and recent developments. International Journal of Child Care and Education Policy, [EB/OL], 2008, 2（2）：43-52. https：//doi.org/10.1007/2288-6729-2-2-43

[25] Leira, A.. From poverty relief to universal provision: the changing grounds for childcare policy reforms in norway. Willekens H., Scheiwe K., Nawrotzki K.（eds）The Development of Early Childhood Education in Europe and North America. Palgrave Macmillan,London.[EB/OL].2015. https：//link.springer.com/chapter/10.1057%2F9781137441980_6#citeas

[26] Haug, K. H., & Stor, J.. Kindergarten — a universal right for children in norway. International Journal of Child Care and Education Policy, [EB/OL], 2013，7（2）：1-13. https：//www.researchgate.net/publication/276346274_Kindergarten_-_a_Universal_Right_for_Children_in_Norway

[27] Swiniarski L.B. The Evolution of Universal Preschool Education in a

Global Age. In: Boyle Swiniarski L. (eds) World Class Initiatives and Practices in Early Education. Educating the Young Child (Advances in Theory and Research, Implications for Practice), vol 9. Springer, Dordrecht[EB/OL], 2014, https://link.springer.com/chapter/10.1007%2F978-94-007-7853-5_1#citeas

[28] Ting, & Ching, T. . Policy developments in pre-school education in singapore: a focus on the key reforms of kindergarten education. International Journal of Child Care and Education Policy,[EB/OL], 2007, 1 (1): 35-43. https://link.springer.com/article/10.1007/2288-6729-1-1-35#citeas

[29] Rhee, & Ock. Childcare policy in korea: current status and major issues. International Journal of Child Care and Education Policy,[EB/OL], 2007, 1 (1): 59-72. https://link.springer.com/article/10.1007/2288-6729-1-1-59#citeas

[30] Choo, & Kim, K. . The shaping of childcare and preschool education in singapore: from separatism to collaboration. International Journal of Child Care and Education Policy, [EB/OL], 2010, 4 (1): 23-34. https://link.springer.com/article/10.1007/2288-6729-4-1-23

[31] Kimata A., Kaneko Y. Latest Development of Japanese Kindergarten Education Policy. In: HUO L., B. NEUMAN S., NANAKIDA A. (eds) Early Childhood Education in Three Cultures. New Frontiers of Educational Research. Springer, Berlin, Heidelberg. ,[EB/OL] ,2015, https://link.springer.com/chapter/10.1007%2F978-3-662-44986-8_5

[32] Tan, C. T. . Enhancing the quality of kindergarten education in singapore: policies and strategies in the 21st century. International Journal of Child Care and Education Policy [EB/OL], 2017, 11 (1): 7. https://link.springer.com/article/10.1186/s40723-017-0033-y

[33] Bertram T., Pascal C. Supporting Quality in ECE. In: Early Childhood Policies and Systems in Eight Countries. Springer, Cham. [EB/OL], 2016, https://link.springer.com/chapter/10.1007/978-3-319-39847-1_7

附件一

我国60年学前教育相关政策概览

序号	名称	发文单位	时间	备注
1	《中国人民政治协商会议共同纲领》	中国人民政治协商会议	1949年9月29日	临时宪法性质
2	《中国教育工会章程》	中国教育工会	1950年9月14日	
3	《接受外国津贴及外资经营之文化教育救济机关及宗教团体登记条例》	政务院	1950年12月29日	
4	《幼儿园暂行教学纲要（草案）》	第一次全国初等教育会议大会秘书处	1951年7月10日	
5	《关于改革学制的决定》	政务院	1951年8月10日	
6	《幼儿园暂行规程（草案）》	教育部	1952年3月18日	
7	《师范学校暂行规定》	教育部	1952年7月11日	
8	《关于适当解决小学、幼儿园教职工福利问题的几项原则的决定》	教育部、财政部、卫生部	1953年9月1日	

续表

序号	名称	发文单位	时间	备注
9	《关于出版中学、小学、师范学校、幼儿园课本、教材、教学参考书和工农兵妇女课本、教材的规定》的指示	教育部、出版总署	1954年7月3日	
10	《中华人民共和国宪法》	第一届全国人民代表大会第一次会议	1954年9月20日	
11	《关于工矿、企业自办中、小学和幼儿园的规定》	国务院	1955年1月20日	
12	《关于北京市干部子女、幼儿园逐步改变为一般性质的小学、幼儿园问题的批复》	国务院	1955年8月1日	
13	《十二年国民教育事业规划纲要（草案）》	教育部	1956年1月11日	
14	《关于颁发师范学院教育系幼儿教育专业暂行教学计划及其说明的通知》	教育部	1956年2月20日	
15	《关于托儿所幼儿园几个问题的联合通知》	教育部、卫生部、内务部	1956年2月23日	
16	《关于中小学、师范学校的托儿所工作的指示》	教育部、教育工会	1956年3月20日	
17	《关于颁布〈师范学校教学计划〉和〈幼儿师范学校教学计划〉的命令》	教育部	1956年5月19日	
18	《关于大力培养小学教师和幼儿园教养员的指示》	教育部	1956年6月30日	
19	《关于组织幼儿教育义务视导员进行视导工作的办法》	教育部	1956年11月6日	
20	《关于幼儿园幼儿的作息制度和各项活动的规定》	教育部	1956年11月6日	
21	《幼儿园教育工作指南（初稿）》	教育部	1957年5月5日	
22	《转发江苏等省关于办幼儿园的四个文件的通知》	教育部	1958年7月22日	

附件一　我国60年学前教育相关政策概览

续表

序号	名称	发文单位	时间	备注
23	《关于教育工作的指示》	中共中央、国务院	1958年9月19日	
24	《关于在幼儿园教学汉字拼音、汉字和算术的通知》	教育部、全国妇联	1960年7月6日	
25	《关于加强和发展师范教育的意见》	教育部	1978年10月10日	
26	《关于评选特级教师的暂行规定》	教育部、国家计委	1978年12月10日	
27	《转发〈全国托幼工作会议纪要〉的通知》	中共中央、国务院	1979年10月11日	
28	《城市幼儿园工作条例（试行草案）》	教育部	1979年11月8日	
29	《关于印发〈中等师范学校教学计划（试行草案）〉和〈幼儿师范学校教学计划（试行草案）〉的通知》	教育部	1980年10月14日	
30	《关于试行〈托儿所、幼儿园卫生保健制度（草案）〉的通知》	卫生部、教育部	1980年10月15日	
31	《三岁前小儿教养大纲（草案）》	卫生部妇幼卫生局	1981年6月6日	
32	《关于试行〈幼儿园教育纲要（试行草案）〉的通知》	教育部	1981年10月31日	
33	《中华人民共和国宪法》	第五届全国人民代表大会第五次会议	1982年12月4日	
34	《关于发展农村幼儿教育的几点意见》（〔83〕教初字011号）	教育部	1983年9月21日	
35	《转发〈北京市社会力量办学试行办法〉的通知》	教育部	1984年5月22日	
36	《中国教育学会章程》	中国教育学会第二届理事会	1984年7月25日	
37	《关于颁发〈幼儿师范学校教学计划〉的通知》（〔85〕教师字3号）	教育部	1985年5月6日	

续表

序号	名称	发文单位	时间	备注
38	《关于教育体制改革的决定》	中共中央	1985年5月27日	
39	《托儿所、幼儿园卫生保健制度》	卫生部	1985年12月7日	
40	《关于进一步办好幼儿学前班的意见》（〔86〕教初字006号）	国家教委	1986年6月10日	
41	《关于幼儿园教师考核的补充意见》（〔86〕教初字012号）	国家教委	1986年10月14日	
42	《关于颁发〈全日制、寄宿制幼儿园编制标准（试行）〉的通知》（劳人编〔1987〕32号）	劳动人事部、国家教委	1987年3月9日	
43	《托儿所、幼儿园建筑设计规范》（〔87〕城设字第466号）	城乡建设环境保护部、国家教委	1987年9月3日	
44	《转发国家教委等部门〈关于明确幼儿教育事业领导管理职责分工的请示〉的通知》（国办发〔1987〕69号）	国务院办公厅	1987年10月15日	
45	《城市幼儿园建筑面积定额（试行）》	国家教委、建设部	1988年7月14日	
46	《关于加强幼儿教育工作的意见》（国办发〔1988〕38号）	国家教委、国家计委、财政部、人事部、劳动部、建设部、卫生部、物价局	1988年8月15日	
47	《社会力量办学教学管理暂行规定》	国家教委	1988年10月24日	
48	《关于社会力量办学几个问题的通知》	国家教委	1988年10月25日	
49	《关于进一步办好职业高中幼师专业的意见》	国家教委	1988年10月25日	
50	《幼儿园工作规程（试行）》	国家教委	1989年6月5日	
51	《幼儿园管理条例》	国家教委	1989年9月11日	

续表

序号	名称	发文单位	时间	备注
52	《关于实施〈幼儿园管理条例〉和〈幼儿园工作规程（试行）〉的意见》	国家教委	1989年12月16日	
53	《关于在全国各级各类学校推行〈国家体育锻炼标准施行办法〉的通知》	国家体委、国家教委	1990年1月23日	
54	《关于接收在大陆投资的台湾人士的随行子女到大陆的中小学、幼儿园就读有关事项的通知》	国家教委、国务院台办、公安部	1991年1月8日	
55	《教育督导暂行规定》	国家教委	1991年4月26日	
56	《关于改进和加强学前班管理的意见》（教基〔1991〕8号）	国家教委	1991年6月17日	
57	《关于加强幼儿园安全工作的通知》（教基厅〔1991〕22号）	国家教委办公厅	1991年6月21日	
58	《中国陶行知研究会章程》	中国陶行知研究会办公室	1991年8月10日	
59	《中华人民共和国未成年人保护法》	第七届全国人民代表大会常务委员会	1991年9月4日	
60	《关于下达〈九十年代中国儿童发展规划纲要〉的通知》	国务院	1992年2月16日	
61	《关于在幼儿园加强爱家乡、爱祖国教育的意见》	国家教委办公厅	1992年5月5日	
62	《幼儿园玩教具配备目录》	国家教委	1992年12月10日	
63	《中国教育改革和发展纲要》	中共中央、国务院	1993年2月13日	
64	《中国全民教育行动纲领》	中国全民教育国家级大会	1993年3月4日	
65	《中华人民共和国教师法》	第八届全国人民代表大会常务委员会	1993年10月31日	
66	《关于〈中国教育改革和发展纲要〉的实施意见》	国务院	1994年7月3日	

续表

序号	名称	发文单位	时间	备注
67	《中华人民共和国母婴保健法》	第八届全国人民代表大会常务委员会	1994年10月27日	
68	《关于颁发〈托儿所、幼儿园卫生保健管理办法〉的通知》	卫生部、国家教委	1994年12月1日	
69	《关于发布〈中外合作办学暂行规定〉的通知》	国家教委	1995年1月26日	
70	《关于颁发〈三年制中等幼儿师范学校教学方案（试行）〉的通知》	国家教委	1995年1月27日	
71	《中华人民共和国教育法》	第八届全国人民代表大会第三次会议	1995年3月18日	
72	《关于企业办幼儿园的若干意见》	国家教委、国家计委、民政部、建设部、国家经贸委、全国总工会、全国妇联	1995年9月19日	
73	《教师资格条例》	国务院	1995年12月12日	
74	《中国中小学幼儿教师奖励基金会章程》	中国中小学幼儿教师奖励基金会	1995年12月13日	
75	《关于颁发〈学前班工作评估指导意见要点〉的通知》（教基〔1996〕2号）	国家教委	1996年1月9日	
76	《关于开展幼儿园园长岗位培训工作的意见》（教人〔1996〕11号）	国家教委	1996年1月25日	
77	《关于颁发〈全国幼儿园园长任职资格、职责和岗位要求（试行）〉的通知》（教人〔1996〕10号）	国家教委	1996年1月26日	
78	《幼儿园工作规程》	国家教委	1996年3月9日	

附件一 我国60年学前教育相关政策概览

续表

序号	名称	发文单位	时间	备注
79	《中华人民共和国国民经济和社会发展"九五"计划和2010年远景目标纲要》	第八届全国人民代表大会第四次会议	1996年3月17日	
80	《关于表彰全国幼儿教育先进县（市）、区的决定》	国家教委	1996年5月24日	
81	《关于正式实施〈幼儿园工作规程〉的意见》（教基〔1996〕15号）	国家教委	1996年6月24日	
82	《全国家庭教育工作"九五"计划》	全国妇联、国家教委	1996年9月10日	
83	《关于印发〈〈关于师范教育改革和发展的若干意见〉的通知〉》（教师〔1996〕4号）	国家教委	1996年12月5日	
84	《关于颁发〈家长教育行为规范〉的通知》（教基〔1997〕4号）	国家教委、全国妇联	1997年3月17日	
85	《关于印发〈全国幼儿教育事业"九五"发展目标实施意见〉的通知》（教基〔1997〕12号）	国家教委	1997年7月17日	
86	《面向21世纪教育振兴行动计划》	教育部	1998年12月24日	
87	《关于深化教育改革全面推进素质教育的决定》（中发〔1999〕9号）	中共中央、国务院	1999年6月13日	
88	《关于基础教育改革与发展的决定》（国发〔2001〕21号）	国务院	2001年5月29日	
89	《幼儿园教育指导纲要（试行）》	教育部	2001年7月2日	
90	《关于印发〈幼儿园教育指导纲要（试行）〉的通知》（教基〔2001〕20号）	教育部	2001年8月1日	

续表

序号	名称	发文单位	时间	备注
91	《全国家庭教育工作"十五"计划》	全国妇联、教育部	2002年5月20日	
92	《中华人民共和国民办教育促进法》	第九届全国人民代表大会常务委员会	2002年12月28日	
93	《关于幼儿教育改革与发展的指导意见》	教育部、中央编办、国家计委、民政部、财政部、劳动保障部、建设部、卫生部、国务院妇儿工委、全国妇联	2003年1月27日	
94	《关于开展幼儿教育专项督导自查工作的通知》(教基厅〔2003〕10号)	教育部办公厅	2003年9月24日	
95	《关于进一步加强幼儿园安全工作的紧急通知》(教基〔2004〕15号)	教育部	2004年8月16日	
96	《关于做好2005年中小学幼儿园安全工作的意见》(教基〔2005〕4号)	教育部	2005年3月1日	
97	《关于规范小学和幼儿园教师培养工作的通知》(教师〔2005〕4号)	教育部	2005年3月14日	
98	《关于加强中小学幼儿园校车安全管理的紧急通知》(教基厅〔2005〕6号)	教育部办公厅	2005年3月18日	
99	《关于印发〈关于进一步做好中小学幼儿园安全工作六条措施〉的通知》(教基〔2005〕10号)	教育部	2005年6月15日	
100	《关于学习宣传和贯彻落实〈中小学幼儿园安全管理办法〉的通知》(教基〔2006〕12号)	教育部办公厅	2006年9月11日	

续表

序号	名称	发文单位	时间	备注
101	《关于认真做好中小学幼儿园安全工作的意见》（教基厅〔2007〕3号）	教育部	2007年1月31日	
102	《关于加强农村中小学幼儿上下学乘车安全工作的通知》（教基〔2007〕12号）	教育部、公安部、国家安全监督管理总局	2007年8月24日	
103	《儿童玩具召回管理规定的通知》（国家质量监督检验检疫总局令第101号）	国家质量监督检验检疫总局	2007年8月27日	
104	《关于加强民办学前教育机构管理工作的通知》（教基〔2007〕16号）	教育部	2007年9月20日	
106	《关于做好2007年秋冬季中小学幼儿园安全工作的预警通知》（教基〔2007〕19号）	教育部	2007年11月9日	

附件二
普惠性民办幼儿园政策的相关内容概览

序号	名称	有关内容	现实中的问题	发文单位	发文时间
1	《关于当前发展学前教育的若干意见》（国发〔2010〕41号）	购买服务、减免租金、以奖代补、派驻公办教师。"三儿资助"（经济困难儿童、孤儿、残疾儿童）。园长、教师培训 城镇小区配套幼儿园作为公共资源由当地政府统筹安排，举办公办幼儿园或委托办成普惠性民办幼儿园。家庭合理分担学前教育成本		国务院	2010年
2	《关于加大财政投入支持学前教育发展的通知》（财教〔2011〕405号）	支持"校舍改建类""综合奖补类""幼师培训类""幼儿资助类"项目		财政部 教育部	2011年

附件二　普惠性民办幼儿园政策的相关内容概览

续表

序号	名称	有关内容	现实中的问题	发文单位	发文时间
3	《幼儿园收费管理暂行办法》（发改价格〔2011〕3207号）	享受政府财政补助（包括政府购买服务、减免租金和税收、以奖代补、派驻公办教师、安排专项奖补资金、优惠划拨土地等）的民办园，可由当地人民政府有关部门以合同约定等方式确定最高收费标准，由民办园在最高标准范围内制定具体收费标准，报当地价格、教育、财政部门备案后执行		国家发改委 教育部 财政部	2011年
4	《关于建立学前教育资助制度的意见》（财教〔2011〕410号）	"三儿资助"（经济困难儿童、孤儿、残疾儿童）		财政部 教育部	2011年
5	《关于印发〈支持中西部农村偏远地区开展学前教育巡回支教试点工作方案〉的通知》（基教二〔2011〕5号）	中西部地区和东部困难地区人口居住分散、交通不便、不具备办园条件的农村开展巡回支教试点工作		教育部 财政部	2011年
6	《关于成立学前教育三年行动计划推进工作领导小组的通知》（教人〔2011〕4号）厅	指导和督查各地学前教育三年行动计划实施情况		教育部	2011年
7	《关于实施幼儿教师国家级培训计划的通知》（教师〔2011〕5号）	中西部农村公办园、普惠性民办园园长、教师、转岗教师培训		教育部 财政部	2011年
8	《关于组织实施"国培计划（2011）"——县级教师培训机构培训者远程项目的通知》（教师厅〔2011〕21号）		对远程培训项目进行部署	教育部办公厅	2011年

179

续表

序号	名称	有关内容	现实中的问题	发文单位	发文时间
9	《关于举办学前教育三年行动计划网络巡展的通知》（基教二厅函〔2012〕16号）	学前教育三年行动计划网络巡展		教育部	2012年
10	《关于做好全国学前教育管理信息系统建设运行和维护工作的通知》（基教二厅函〔2012〕13号）	学前教育服务与监管体系信息化建设		教育部	2012年
11	《关于印发〈学前教育督导评估暂行办法〉的通知》（教督〔2012〕5号）	大力发展公办园，积极扶持民办园，并提供普惠性服务		教育部	2012年
12	《关于政府向社会力量购买服务的指导意见》（国办发〔2013〕96号）	教育、就业、社保、医疗卫生、住房保障、文化体育及残疾人服务等基本公共服务领域，要逐步加大政府向社会力量购买服务的力度		国务院	2013年
13	《中共中央关于全面深化改革若干重大问题的决定》	推广政府购买服务，凡属事务性管理服务，原则上都要引入竞争机制，通过合同、委托等方式向社会购买。加大政府购买公共服务力度			2013年
14	《关于做好2013年"国培计划"实施工作的通知》（教师厅〔2013〕2号）	示范性培训项目、中西部项目、幼师国培项目		教育部 财政部	2013年
15	《关于公布"国培计划（2013）"——中西部项目和幼师国培项目方案评审结果的通知》（教师厅函〔2013〕8号）	公布相关省（市、区）的中西部项目和幼师国培项目		教育部 财政部	2013年

附件二 普惠性民办幼儿园政策的相关内容概览

续表

序号	名称	有关内容	现实中的问题	发文单位	发文时间
16	《关于实施第二期学前教育三年行动计划的意见》（2014—2016）（教基二〔2014〕9号）	加快发展公办园，积极扶持普惠性民办幼儿园。通过政府购买服务、减免租金、派驻公办教师、培训教师等方式，支持民办园提供普惠性服务，有条件的地区可参照公办园生均公用经费标准，对普惠性民办园给予适当补贴		教育部 国家发改委 财政部	2014年
17	《政府购买服务管理办法（暂行）》（财综〔2014〕96号）	公共教育等领域适宜由社会力量承担的服务事项纳入政府购买服务指导性目录。购买主体应当与承接主体签订合同，并可根据服务项目的需求特点，采取购买、委托、租赁、特许经营、战略合作等形式		财政部 民政部 工商总局	2014年
18	《关于印发〈中央财政支持学前教育发展资金管理办法〉的通知》（财教〔2015〕222号）	学前教育发展资金分为："扩大资源类"用于奖补支持地方多渠道扩大普惠性学前教育资源；"幼儿资助类"用于资助"三儿"接受学前教育		财政部 教育部	2015年
19	《关于印发〈乡村教师支持计划（2015—2020年）〉的通知》（国办发〔2015〕43号）	提出有关要求		国务院办公厅	2015
20	《关于改革实施中小学幼儿园教师国家级培训计划的通知》（教师〔2015〕10号）	对改革实施中小学幼儿园教师国家级培训计划进行说明		教育部 财政部	2015年
21	《关于实施支持农业转移人口市民化若干财政政策的通知》	逐步完善并落实中等职业教育免学杂费和普惠性学前教育的政策		国务院	2016年

续表

序号	名称	有关内容	现实中的问题	发文单位	发文时间
22	《关于鼓励社会力量兴办教育促进民办教育健康发展的若干意见》（国发〔2016〕81号）	在政府补贴、政府购买服务、基金奖励、捐资激励、土地划拨、税费减免等方面对非营利性民办学校给予扶持。学前教育阶段鼓励举办普惠性民办幼儿园。推广政府和社会资本合作（ppp）模式		国务院	2016年
23	《关于加快中西部教育发展的指导意见》（国发办〔2016〕37号）	支持普惠性民办幼儿园发展。采取集团化办学、学校联盟、教育信息化等措施，扩大优质教育资源覆盖面		国务院	2016年
24	《民办教育促进法》	民办学校的举办者可以自主选择设立非营利性或者营利性民办学校。县级以上各级人民政府可以采取购买服务、助学贷款、奖助学金、出租、转让闲置的国有资产等措施对民办学校予以支持；对非营利性民办学校还可以采取政府补贴、基金奖励、捐资激励等扶持措施		全国人大常务委员会	2016年
25	《民办学校分类登记管理实施细则》	正式批准设立的非营利性民办学校，符合《民办非企业单位登记管理暂行条例》等民办非企业单位登记管理有关规定的，到民政部门登记为民办非企业单位，符合《事业单位登记管理暂行条例》等事业单位登记管理有关规定的，到事业单位登记管理机关等登记为事业单位		教育部 人力资源社会保障部 民政部 中央编办 工商总局	2016年
26	《关于印发〈乡村教师培训指南〉的通知》（教师厅〔2016〕1号）	对印发乡村教师培训指南		教育部办公厅	2016年

附件二　普惠性民办幼儿园政策的相关内容概览

续表

序号	名称	有关内容	现实中的问题	发文单位	发文时间
27	《关于做好2016年中小学幼儿园教师国家级培训计划实施工作的通知》（教师厅〔2016〕2号）	对中小学幼儿园教师国家级培训计划实施进行安排部署		教育部办公厅 财政部办公厅	2016年
28	《关于实施第三期学前教育三年行动计划的意见》（2017—2020）	发展普惠性幼儿园。各省（区、市）制定普惠性民办幼儿园认定办法，逐年确定一批普惠性民办幼儿园。通过购买服务、综合奖补、减免租金、派驻公办教师、培训教师、教研指导等方式，支持普惠性民办幼儿园发展		教育部 国家发改委 财政部 人力资源和社会保障部	2017年
29	《关于深化教育体制机制改革的意见》	创新学前教育普惠健康发展的体制机制。鼓励社会力量举办幼儿园，支持民办幼儿园提供面向大众、收费合理、质量合格的普惠性服务。建立健全国务院领导、省市统筹、以县为主的学前教育管理体制。省市两级政府要加强统筹，加大对贫困地区的支持力度。落实县级政府主体责任，充分发挥乡镇政府的作用		中共中央、国务院	2017年
30	《关于印发〈乡村校园长"三段式"培训指南〉等四个文件的通知》（教师厅〔2017〕7号）	对印发四个文件进行具体安排		教育部办公厅	2017年
31	《关于做好2018年中小学幼儿园教师国家级培训计划组织实施工作的通知》（教师厅〔2018〕3号）			教育补办公厅 财政部办公厅	2018年

183

续表

序号	名称	有关内容	现实中的问题	发文单位	发文时间
32	《S省人民政府关于当前发展学前教育的实施意见》（C府发〔2011〕12号）	县级教育行政部门要统筹安排，可采取派驻公办幼儿教师等灵活多样的方式，支持民办园的初期发展。公办幼儿教师驻民办幼儿园工作期间，其人事、工资关系不变，具体管理办法由各地教育、人力资源社会保障部门研究制定		S省人民政府	2011年
33	《S省学前教育三年行动计划（2011—2013年）》	三年内新建、改建公办园1200所，发展民办园1500所。通过保证合理用地、减免税费等多种优惠方式，积极扶持民办园特别是面向大众、收费较低的普惠性民办幼儿园发展		S省教育厅发改委财政厅	2011年
34	《关于组织县级教师培训机构参加"国培计划（2011）"——县级教师培训机构者远程培训的通知》（C教厅办函〔2011〕30号）	对组织县级教师培训机构培训者远程培训进行具体安排		S省教育厅办公厅	2011年
35	《关于加强学前教育师资培训工作的通知》（C教函〔2011〕799号）	对学前教育师资培训进行部署		S省教育厅	2011年
36	《关于加大财政投入支持学前教育发展的通知》（C财〔2011〕224号）	对加大对学前教育的投入提出要求		S省教育厅 S省财政厅	2011年
37	《关于做好2012年国培计划项目的通知》（C教函〔2012〕448号）	对做好2012年国培工作进行部署		S省教育厅 S省财政厅	2011年

附件二 普惠性民办幼儿园政策的相关内容概览

续表

序号	名称	有关内容	现实中的问题	发文单位	发文时间
38	《关于下达2012年学前教育校舍改建类项目中央专项资金预算的通知》（C财教〔2012〕214号）	对学前教育校舍改建类项目中央专项资金预算进行安排		S省财政厅 S省教育厅	2012年
39	《关于下达2012年学前教育综合奖补类项目中央和省级奖补资金预算的通知》（C财教〔2012〕336号）	对2012年学前教育综合奖补类项目中央和省级奖补资金预算进行部署		S省财政厅 S省教育厅	2012年
40	《关于下达2012年年度学前教育省级补助资金预算的通知》（C财教〔2012〕115号）	对下达2012年年度学前教育省级补助资金预算进行安排		S省财政厅 S省教育厅	2012年
41	《关于认真贯彻执行学前教育"三儿"资助政策和下达省级财政补助资金的通知》（C财〔2011〕375号）	对学前教育"三儿"资助政策和下达省级财政补助资金进行安排		S省财政厅 S省教育厅	2012年
42	《关于组织实施"国培计划（2013）"置换脱产研修和远程培训项目工作的通知》（C教函〔2013〕353号）	对这一培训项目提出具体要求		S省教育厅	2013年
43	《S省第二期学前教育三年行动计划（2014—2016年）》	加强公办园建设。积极扶持普惠性民办园建设。通过政府购买服务、PPP模式新建、减免租金、派驻公办教师、培训教师等方式，支持民办园提供普惠性服务		S省教育厅 发改委 财政厅	2014年

续表

序号	名称	有关内容	现实中的问题	发文单位	发文时间
43	《关于推进政府向社会购买服务工作的意见》《四川向社会力量购买服务指导目录全书》	教育等领域适宜由社会力量承担的服务事项纳入政府购买服务指导性目录		S省人民政府	2014年
44	《关于做好"国培计划"（2014）——中西部项目和幼师国培项目置换脱产研修项目工作的通知》（师函〔2014〕8号）	对项目实施任务、实施安排、工作要求、报送要求等提出具体要求		S省教育厅	2014年
45	《关于下达2014年学前教育省级财政奖补资金预算的通知》（C财教〔2014〕245号）	下达2014年学前教育省级财政奖补资金预算，并对相关工作进行安排		S省财政厅 S省教育厅	2014年
46	《关于下达学前教育中央奖补资金奖补资金预算的通知》（C财教〔2014〕341号）	下达2014年学前教育中央奖补资金预算，并对有关工作进行安排		S省财政厅 S省教育厅	2014年
47	《关于提前通知2015年学前教育"三儿"资助政策省级财政补助资金的通知》			S省财政厅 S省教育厅	2014年
48	《关于普惠性幼儿园认定工作的指导意见》	认定主体、认定条件、认定程序、享受政策、监督管理		S省教育厅 财政厅 发展和改革委员会	2015年

附件二 普惠性民办幼儿园政策的相关内容概览

续表

序号	名称	有关内容	现实中的问题	发文单位	发文时间
49	《关于加强城镇小区配套幼儿园建设和管理的指导意见》	政府投资或合同约定应移交的城镇小区配套幼儿园，竣工验收合格后，建设单位应将幼儿园及幼儿园建设相关手续、竣工图纸等所有档案材料一并移交给当地政府，用于举办公办幼儿园或委托举办普惠性民办幼儿园；其他城镇小区配套幼儿园，应在当地教育行政主管部门的指导下办成普惠性民办幼儿园		S省教育厅 住房和城乡建设厅 国土资源厅 发展和改革委员会	2015年
50	《关于做好2015年"国培计划"——中西部项目和幼师国培项目实施工作的通知》（C教函〔2015〕527号）	对2015年"国培计划"——中西部项目和幼师国培项目实施提出具体要求		S省教育厅	2015年
51	《关于S省2015年"国培计划"项目招标有关事项的补充通知》（C教函〔2015〕330号）	对2015年"国培计划"项目招标有关事项进行说明		S省教育厅	2015年
52	《关于下达2015年中央支持学前教育发展专项资金预算的通知》（C财教〔2015〕7号）	对下达2015年中央支持学前教育发展专项资金预算进行安排		S省财政厅 S省教育厅	2015年
53	《关于下达2015年学前教育发展省级奖补资金的通知》（C财教〔2015〕48号）	对下达2015年学前教育发展省级奖补资金进行安排		S省财政厅 S省教育厅	2015年
54	《关于下达2015年支持学前教育发展中央专项资金预算的通知》（C财教〔2015〕163号）	对下达2015年中央支持学前教育发展中央专项资金预算进行安排		S省财政厅 S省教育厅	2015年

续表

序号	名称	有关内容	现实中的问题	发文单位	发文时间
55	《关于提前通知2016年中央支持学前教育发展中央专项资金预算的通知》（C财教〔2015〕237号）	对2016年中央支持学前教育发展中央专项进行安排		S省财政厅 S省教育厅	2015年
56	2016年"国培计划"中西部项目和幼师国培项目公开招标政府采用项目（C政采招〔2016〕202号）	招标项目介绍		S省教育厅	2016年
57	《关于下达2016年学前教育购买服务省级奖补资金的通知》（C财教〔2016〕7号）	对下达2016年学前教育购买服务省级奖补资金进行安排		S省财政厅 S省教育厅	2016年
58	《关于下达2016年支持学前教育发展专项资金预算的通知》（C财教〔2016〕149号）	对下达2016年支持学前教育发展专项资金预算进行安排		S省财政厅 S省教育厅	2016年
59	《关于通知2017年中央支持学前教育发展专项资金预算的通知》（C财教〔2016〕214号）	对2017年中央支持学前教育发展专项资金预算进行安排		S省财政厅 S省教育厅	2016年
60	《关于下达2016年城市和民办幼儿园省级奖补资金的通知》（C财教〔2016〕3号）	对2016年城市和民办幼儿园省级奖补资金进行安排		S省财政厅 S省教育厅	2016年

附件二 普惠性民办幼儿园政策的相关内容概览

续表

序号	名称	有关内容	现实中的问题	发文单位	发文时间
61	《关于下达2016年学前教育保教费减免政策中省奖补资金的通知》（C财教〔2016〕8号）	对下达2016年学前教育保教费减免政策中省奖补资进行安排		S省财政厅 S省教育厅	2016年
62	《关于下达2016年建档立卡贫困家庭学生特别资助政策省级补助资金预算的通知》（C财教〔2016〕22号）	对下达2016年建档立卡贫困家庭学生特别资助政策省级补助资金预算进行安排		S省财政厅 S省教育厅	2016年
63	《关于2016年学前教育保教费减免资金结算的通知》（C财教〔2016〕237号）	对2016年学前教育保教费减免资金结算进行部署		S省财政厅 S省教育厅	2016年
64	《关于2016年建档立卡贫困家庭学生特别资助政策省级补助资金结算及下达2017年省级补助资金预算的通知》（C财教〔2016〕238号）	对2016年建档立卡贫困家庭学生特别资助政策省级补助资金结算及下达2017年省级补助资金预算进行安排		S省财政厅 S省教育厅	2016年
65	《S省第三期学前教育三年行动计划（2017—2020年）》	着力扩大公办学前教育资源。积极扶持普惠性民办园建设。积极扶持资质合格、面向大众、办园规范、收费合理、质量较好的普惠性民办园发展		S省教育厅 财政厅 发展和改革委员会 人社厅	2017年
66	《关于做好2017年"国培计划"——中西部项目和幼师国培项目实施工作的通知》（C师函〔2017〕740号）	对项目具体实施进行安排		S省教育厅	2017年

续表

序号	名称	有关内容	现实中的问题	发文单位	发文时间
67	《关于印发〈S省幼儿园行为督导评估实施办法〉的通知》（C教〔2017〕112号）	对印发《S省幼儿园行为督导评估实施办法》提出具体要求		S省教育厅	2017年
68	《关于做好2016年"国培计划"——中西部项目和幼师国培计划实施工作的通知》（C教函〔2017〕136号）	对2016年"国培计划"——中西部项目和幼师国培计划实施工作进行部署		S省教育厅	2017年
69	《关于下达中央和省级2017年学前教育发展专项资金（激励奖补资金）的通知》（C财教〔2017〕200号）	对下达中央和省级2017年学前教育发展专项资金（激励奖补资金）进行安排		S省财政厅 S省教育厅	2017年
70	《关于下达2017年省级学前教育发展专项资金预算的通知》（C财教〔2017〕75号）	对下达2017年省级学前教育发展专项资金预算进行安排		S省财政厅 S省教育厅	2017年
71	《关于下达2017年省级学前教育发展专项资金的通知》（C财教〔2017〕154号）	对下达2017年省级学前教育发展专项资金进行安排		S省财政厅 S省教育厅	2017年
72	《关于下达2017年学生资助省级补助资金预算的通知》（C财教〔2017〕68号）	对下达2017年学生资助省级补助资金预算进行安排		S省财政厅 S省教育厅	2017年

附件二 普惠性民办幼儿园政策的相关内容概览

续表

序号	名称	有关内容	现实中的问题	发文单位	发文时间
73	《关于下达2017年中央支持学前教育发展（幼儿资助部分）资金预算的通知》（C财教〔2017〕179号）	对下达2017年中央支持学前教育发展（幼儿资助部分）资金预算进行安排		S省财政厅 S省教育厅	2017年
74	《关于举办S省第九届学前教育教学改革研究共同体学术研讨会议的通知》	对当前学前教育教学改革举行学术研讨		S省教育科学研究院	2018年
75	《关于下达2018年中央支持学前教育发展专项资金提前通知部分的通知》（C财教〔2018〕16号）	对下达2018年中央支持学前教育发展专项资金提前通知部分进行安排		S省财政厅 S省教育厅	2018年
76	《关于下达2018年省级学前教育发展专项资金（激励奖补部分）的通知》（C财教〔2018〕112号）	对下达2018年省级学前教育发展专项资金（激励奖补部分）进行安排		S省财政厅 S省教育厅	2018年
77	《关于下达2018年中央支持学前教育发展专项资金的通知》（C财教〔2018〕143号）	对下达2018年中央支持学前教育发展专项资金进行安排		S省财政厅 S省教育厅	2018年
78	《关于结算2017年省级学前教育保教费减免资金的通知》（C财教〔2018〕94号）	对结算2017年省级学前教育保教费减免资金进行安排		S省财政厅 S省教育厅	2018年
79	《关于举办2014年SN市幼儿园园长及管理干部研修班的通知》	对幼儿园园长、管理干部培训进行部署		S市教育局办公室	2014年

191

续表

序号	名称	有关内容	现实中的问题	发文单位	发文时间
80	《关于做好2015年"国培计划"——中西部项目和幼师国培计划项目实施工作的通知》（S教办函〔2015〕99号）	对2015年"国培计划"——中西部项目和幼师国培计划项目进行部署		S市教育局办公室	2015年
81	《关于下达省级民办教育发展专项资金的通知》（S财教〔2016〕6号）	对下达省级民办教育发展专项资金进行安排		SN市财政局 SN市教育局	2016年

附件三

普惠性民办幼儿园举办者访谈提纲

（访谈类型：开放型访谈）

访谈对象	访谈目的	访谈问题设计
民办幼儿园园长（举办者）	从身处第一线的人的角度，了解"普惠性民办幼儿园"概念、普惠性民办幼儿园相关政策、该政策进入实践层面存在哪些问题	1.您怎样理解"普惠"这一概念？
		2.您如何理解"普惠性幼儿园"这一概念？为什么这样理解？
		3.普惠性民办幼儿园奖补资金发放情况如何？
		4."三儿"（孤儿、残疾儿童、家庭经济困难儿童）资助情况进展如何？
		5.教师培训情况怎么样？
		6.总之，您觉得普惠性民办幼儿园政策执行情况如何？满意吗？为什么？还有什么建议吗？

附件四

县（市、区）教育行政部门学前教育管理者访谈提纲（访谈类型：开放型访谈）

对象	目的	问题设计
教育行政部门学前教育专门管理者	从最基层的教育政策执行者、管理者的角度来了解普惠性民办幼儿园相关政策的落实情况，并试图发现还存在哪些问题，来逐步完善相关政策	1.您对"普惠性民办幼儿园"这一概念如何理解呢？
		2.您认为在普惠性民办幼儿园认定过程中存在哪些问题？民办幼师职称评审还存在哪些问题呢？您有哪些建议呢？
		3.请您预测一下普惠性民办幼儿园发展前景，好吗？

附件五
普惠性民办园幼儿家长或者监护人访谈提纲
（访谈类型：开放型访谈）

对象	目的	问题设计
家长或者监护人	为了全面地了解普惠性民办幼儿园政策的执行情况，从受益者角度了解，也许更真实可信	1.您作为家长或监护人，认为孤儿、家庭经济困难儿童、残疾儿童、单亲家庭儿童、留守儿童等在普惠性民办幼儿园可享受一些经济资助，合理吗？为什么？
		2.您觉得资助政策执行中还存在哪些问题呢？您有哪些建议呢？

附件六

县（市、区）教育行政部门教育经费管理者访谈提纲（访谈类型：开放型访谈）

对象	目的	问题设计
计财股长	他们作为最基层的政策的执行者，从他们身上可以发现一些问题，从而更准确地了解情况	1.您对"普惠性民办幼儿园"这一概念如何理解呢？
		2.你们是根据什么制定出普惠性民办幼儿园奖补资金的发放标准的？您觉得现在奖补资金发放标准科学吗？为什么？这一政策实施中是否存在不够透明之处呢？
		3.资助政策实施中存在哪些问题？资助标准如何确立的？您对这一惠民政策还有什么建议呢？资助政策实施一定阶段后您是否深入基层调研过呢？如果调研过您是否有新的发现呢？

附件七
普惠性民办幼儿园教师访谈提纲
（访谈类型：开放型访谈）

对象	目的	问题设计
民办幼儿园教师	他们是最基层的政策的享受者或者执行者，从他们那里发现一些问题，从而更准确、全面地了解情况	1.您对"普惠性民办幼儿园"这一概念如何理解呢？
		2."三儿"资助政策落实情况如何？资助对象遴选是否公开透明？
		3.普惠性民办幼儿园园长、教师培训情况如何呢？您已参加了一些国培项目吗？如果参加了有收获吗？为什么？这一政策还存在哪些问题？您觉得应该如何完善呢？
		4.您对现在的在职教师培训模式，即专家的理论讲解+园长的现身说法+教师的现场授课，满意吗？
		5.您对这一惠民政策还有哪些建议呢？

附件八
普惠性民办幼儿园教师问卷调查（一）

尊敬的老师：

您好！我们是SC师范大学普惠性民办幼儿园政策课题研究组成员，为了进一步了解普惠性民办幼儿园政策的运行情况，我们编制了这一问卷。您的回答不涉及您对您所在幼儿园办学质量及老师工作的评价，只是用于我们研究，万望您如实作答。根据您的实际情况，请将备选项填在（ ）内，谢谢！

一、个人基本情况

1. 您的性别：　　　　　　　　　　　　　　　　　　　　　　（　）
   A.男　　　　　B.女
2. 政治面貌：　　　　　　　　　　　　　　　　　　　　　　（　）
   A.中共党员　　B.共青团员　　C.民主党派人士　　D.无党派人士
3. 您所在的单位：　　　　　　　　　　　　　　　　　　　　（　）
   A.普惠性民办幼儿园　　　　B.非普惠性民办幼儿园

4. 您工作单位所在地理位置： （ ）
   A.省会城市　　B.地级市　　　C.县城　　D.乡镇　　E.农村
5. 您的年龄： （ ）
   A.25岁以下　　B.25—35岁　　C.35—45岁　　　D.45岁以上
6. 您的教龄： （ ）
   A.5年以下　　B.5—10年　　C.10—20年　　　D.20年以上
7. 您的学历： （ ）
   A.中师（职高）B.专科　　　C.本科　　　　　D.研究生
8. 您的职称： （ ）
   A.没有　　　　B.初级　　　C.中级　　　　　D.高级
9. 您的专业背景： （ ）
   A.学前教育　　B.非学前教育
10. 您的"五险"缴纳情况： （ ）
    A.一险　　　　B.二险　　　C.三险
    D.四险　　　　E.五险
11. 您工资收入情况： （ ）
    A.2000元以下　　　　　　B.2000—3000元
    C.3000—5000元　　　　　D.5000—8000元
    E.8000元以上
12. 您现在住房是： （ ）
    A.单位提供　　B.自己解决

二、问题

1. 您了解国家自2010年以来出台的一些关于学前教育的政策吗？（ ）
   A.不了解　　B.了解一点　　C.比较了解　　D.了解　　E.非常了解
2. "普惠性幼儿园"这一概念出现在哪一年？ （ ）
   A.2010年　　B.2009年　　C.2008年　　D.2005年　　E.2004年
3. "普惠性幼儿园"这一概念出现在国家哪一个文件中？ （ ）
   A."国十条"

B.《国家中长期教育改革和发展规划纲要（2010—2020）》

C.《幼儿园工作规程》

D.《幼儿园教育指导纲要（试行）》

E.《营利性民办学校监督管理实施细则》。

4."普惠性"的特性为：（　　）（可多选）

  A.普遍性　　B.非歧视性　　C.非互惠性　　D.全面性　　E.非排他性

5."普惠性幼儿园"这一概念的属性是：（　　）（可多选）

  A.面向大众　B.收费合理　　C.有质量保证　　D.科学管理

  E.经济资助　F.业务指导

6. 国家实行普惠性民办幼儿园政策以来，要求对园长、教师实行培训，请问您参加培训的次数是？（　　）

  A.0次　　　B.1次　　　C.2次　　　　D.3次　　　E.3次以上

7. 您觉得参加幼儿教师培训，有收获吗？（　　）

  A.没有　　　B.有一点　　C.比较有收获　　D.有收获

8. "三儿资助"政策中"三儿"是指：（　　）

  A.残疾儿童　　　　　　B.孤儿

  C.经济困难儿童　　　　D.精准扶贫户儿童

  E.低保户儿童　　　　　F.独生子女家庭儿童

9.您觉得现在国家组织的幼儿教师全员培训，培训老师提供的培训内容与你们的实际需求有差异吗？你们想要什么内容的培训？

10.您认为现在的普惠性民办幼儿园政策执行情况如何？可以提出一些建议吗？

回答以上问题，可能影响了您的工作或者休息，再次表示衷心感谢！

（开放性的试题直接作答在下面空白处）

附件九

普惠性民办幼儿园幼儿家长（监护人）问卷调查（二）

尊敬的同志：

您好！我们是SC师范大学普惠性民办幼儿园政策课题研究组成员，为了进一步了解普惠性民办幼儿园政策的落实情况，我们编制了这一问卷。您的回答不涉及您对您小孩所在幼儿园办学质量及老师工作的评价，只是用于我们研究，万望您如实作答。根据您的实际情况，请将备选项填在（　）内，谢谢！

一、个人基本情况

1. 您的性别：　　　　　　　　　　　　　　　　　　　　　　　（　）
   A.男　　　　　B.女
2. 您的年龄：　　　　　　　　　　　　　　　　　　　　　　　（　）
   A.25岁以下　　B.25—35岁　　C.35—45岁　　D.45岁以上

3. 您的工作单位： （　）

　　A.事业单位　　B.国有企业　　C.外资企业

　　D.私营企业　　E.自主创业

4. 您的学历： （　）

　　A.初中及以下　B.中师（高中）C.专科

　　D.本科　　　　E.研究生及以上

5. 您的职业： （　）

　　A.教师　　　　B.公务员　　　C.医生　　　　D.国有企业高管

　　E.自主创业者　F.外资企业高管　　　　　　G.其他

6. 您生活所在地： （　）

　　A.省会城市　　B.地级市　　　C.县城　　　　D.乡镇

　　E.农村

7. 您月收入情况： （　）

　　A.2000元以下　B.2000—3000元 C.3000—5000元

　　D.5000—8000元　　　　　　　E.8000元以上

二、问题

（一）选择题

1. 您了解国家自2010年以来出台的一些关于学前教育的政策吗？（　）

　　A.不了解　　　B.了解一点　　C.比较了解

　　D.了解　　　　E.非常了解

2. "普惠性民办幼儿园"这一概念出现在哪一年？（　）

　　A.2010年　　　B.2009年　　　C.2008年

　　D.2005年　　　E.2004年

3. "普惠性民办幼儿园"这一概念出现在国家哪一个文件中？（　）

　　A."国十条"

　　B.《国家中长期教育改革和发展规划纲要（2010—2020）》

　　C.《幼儿园工作规程》

　　D.《幼儿园教育指导纲要（试行）》

E.《营利性民办学校监督管理实施细则》。

4."普惠性"的特性为：（　　　）（可多选）

　　A.普遍性　　　B.非歧视性　　　C.非互惠性

　　D.全面性　　　E.非排他性

5."普惠性幼儿园"这一概念的属性是：（　　　）（可多选）

　　A.面向大众　　B.收费合理　　　C.有质量保证

　　D.科学管理　　E.经济资助　　　F.业务指导

6."三儿资助"政策中"三儿"是指：（　　　）

　　A.残疾儿童　　　　　B.孤儿

　　C.经济困难儿童　　　D.精准扶贫户儿童

　　E.低保户儿童　　　　F.独生子女家庭儿童

（二）开放性试题

1.您家小孩或者由您监护的小孩有没有享受一些经济补贴呢？或者您听说过其他家庭小孩有一些经济补贴吗？他们享受这些经济资助的原因，您知道吗？您认为他们享受这些补贴合理吗？为什么？

回答以上问题，占用了您宝贵的时间，再次在此深表谢意！

附件十
访谈S省S市P县普惠性民办幼儿园园长

访谈CC镇BJL幼儿园园长YBW

时间：2017年4月17日下午15∶42

地点：BJL幼儿园园长办公室

人物：园长YBW

问：Y园长，您对"普惠性民办幼儿园"这一概念是如何理解的？

答：我个人认为国家政策越来越好了，现在看来这个概念是模糊的，具体内涵不了解。

问：普惠性民办幼儿园政策落实到哪个层面了？

答：有两个方案，一个是每个小朋友补助500元，另一个是教育经费补助，包括教育经费开支、房租减免、幼师培训、设施设备等，共4万多元，根据前一年年审和平时抽查情况来分配补助资金。去年教育局组织了园长培训，车费由教育局负责，其余自费。幼师培训基本上一年一次。

问：奖补资金政策运行情况如何？

答：最早按幼儿人数分配，当时是人均49元钱，那时我们才100多名幼儿。2016年我们扩建了幼儿园，扩建这一项单独补助5万多，其他项目补助2万多，一共7万多元。2017年补助1万多元，2018年就没有了。

问：针对奖补资金政策目前的运行现状，您有哪些建议呢？

答：希望奖补资金越多越好，资金分配合理合法，要严格要求，严格把关。如县城外国语学校采用AAA项目（"AAA"项目即"PPP"项目，就是公民合作项目——笔者注），每年20~30万。当时教育体育局叫我们申报，但我们没去申报，现在很后悔！另外，奖补资金发放应根据幼儿园资金投入量来确定。

Y园长，今天，我们交流时间也较长了，暂时就不影响您工作了，今后有疑惑我再请教您好吗？好，再见！

时间：2017年9月25日上午9∶30
地点：BJL幼儿园园长办公室
人物：园长YBW

问："三儿"资助政策运行情况如何？

答：学生多，名额少。500多个学生，45个名额，给转转（"给转转"即轮流享受——笔者注），不怎么敢大胆公示，最好小范围公示。因一旦大范围公示，一些家长攀比心理严重，没得到资助的个别家长到处"生事"，也许会引发家长之间、家园之间的诸多矛盾。

遴选资助对象，我们不仅要筛选摸底，当面交流、沟通，还通过邻居了解，观察长期生活状况，实地考察。因本身临界贫困标准不够准确，不好操作，100%精准不可能。

有些高消费水平的幼儿园，为什么也被分配了同样的资助指标？即使给，名额也可少一些。我们幼儿园的资助名额太少，有些资助对象的问题无法解决，在我们这里哭。我只能自己掏腰包给人家解决。

JG幼儿园、CC幼儿园娃娃少，（"娃娃少"指享受资助的幼儿少——笔者注），估到（"估到"即强行——笔者注）把钱分下去，我们资助对象多，指标少，钱也给不够。针对家庭特别困难的幼儿，我们免了学费。

问：您目睹了资助政策运行现状，还有哪些更好的建议呢？

答：资助标准500元有点低，资助标准应稍微调高一点，对特别贫困家庭的幼儿也许要更好一些。资助名额分配不够，希望政府加大贫困基金扶持力度。

Y园长，今天，关于资助政策的话题，我们交流得很愉快！我也收获了大量有益信息，谢谢您！不过耽误您工作时间也较长了，我们交流暂时到此结束，我如有问题再请教您好吗？好，再见！

时间：2019年3月20日下午16：45
地点：BJL幼儿园园长办公室
人物：园长YBW

问：幼师培训政策运行情况如何？您参加国培了吗？

答：国培就是免费幼师培训，我从来没有参加过。听说个别民办幼儿教师参加过这种培训，如DS镇个别私立幼儿园的教师。我们2010年创办幼儿园，以前参加过县内组织的1~2次免费培训，培训内容主要是一些幼儿园安全管理、职业道德等，教师专业知识培训几乎没有。我们都是自费出去培训，都是遴选一两家商业培训机构，根据其培训主体来决定我们是否参与，或决定哪位幼师参与。通过自己逐步摸索，与几家商业培训机构建立了长期合作的关系。从培训效果来看，自我感觉还可以，学习返园后大家集体研讨，这样效果会更加好。

问：鉴于目前幼师培训政策的运行情景，您还有何建议？

答：公办幼儿教师1年有2次国培机会，希望也给我们民办幼儿教师一次机会，哪怕轮流转，或2~3年一次机会都好。公办幼儿教师年年都有国培机会，不过有的人不珍惜；我们很珍惜，却没机会。我们每次出去学习，笔记写几大本，因为机会难得。私立幼儿园靠实力生存，且幼儿园是高风险行业。

请专家进来授课，公民办教师一起听。这样降低培训成本，拓展受益面，大家都受益。关于这个问题，我给相关部门领导提过多次意见，但一直没有回音。

有时我们几个民办幼儿园园长在一起交流，大家都感到：普惠性民办幼儿园似乎是"后妈养的"，公办幼儿园好像是"亲妈生的"，享受的待遇就是不同。连国培计划我们都很少或没参与过，一切只能靠自己拼搏。是否可适度增加民办幼儿教师免费培训比例、培训机会呢？这是我们普惠性民办幼儿园最需要的、最关心的事，这比直接拿钱给我们更有价值。

好，今天我们交流暂时到此为止好吗？我还有很多疑惑，可能还要请教您，届时请您拨冗回复我好吗？您今天能接受我的访谈，我在此表示真诚的谢意！好，再见！

访谈普惠性民办幼儿园园长后，我获得了相关信息。为了进一步核实相关信息，必须请教公办幼儿园园长，听听她们的真实声音，再来遴选信息、甄别信息。

附件十一
访谈S省S市P县CC镇公办幼儿园（公办）园长

访谈CC幼儿园园长DL

时间：2017年4月18日上午8：38

地点：CC幼儿园园长办公室

人物：园长DL

问：D园长，您对"普惠性幼儿园"这一概念是如何理解的？

答：在我看来首先是收费低，同时相对高端幼儿园而言，面向大众（主要是中低收入水平的人群），让人民得到最大实惠的幼儿园。

问：普惠性幼儿园政策有哪些具体内容呢？

答：具体不清楚，好像有"三儿"资助、教师培训等？

问：教师、园长培训情况如何？

答：国培分配名额，有园长、教师培训，我们园培训已结束，下面乡镇培训可能还没结束。幼儿老师培训第一轮人均一次机会都达不到，培训至今也没结束。我们园自己有培训计划，培训后老师们的责任感、使命感有所增强，我们很多培训都是自己买单。国培模式——理论+跟岗培训+现场观摩，这样的方式也很好，培训后关键是自己领悟，并学以致用。我们要求培训老师回来"复制课程"，那些培训主要是媒体、知识准备到位，有些环节要修改，感觉理论太深奥，不实用。

问：您现在的困惑是什么？

答：真正的困惑是无时间安静地学习。自己专业成长要不断自我学习，原来做老师只是把班上的事做好了就行了，现在做了领导很多东西很琐碎，很多时间自己无法控制，不好把握。外单位、上级部门、园内事情很多，尤其是事务性工作太多，如县级一些部门的各类检查太多，所以真正用于自己业务学习的时间非常有限。

问：鉴于目前县域内幼儿教师、园长培训的现象，您有哪些建议？

答：现在社会上的商业培训机构很多，培训质量良莠不齐。政府应颁布培训机构准入标准和退出标准，实行动态监管。更重要的是加大、加快培训幼儿教师，尤其是公办幼儿教师的培训力度，学前教育公益性的重任最终还是要靠公办幼儿园来承担。作为一方政府更应注重对各乡镇小学附属幼儿园的投资力度，加大对这些幼儿教师的培训力度。基层学校附属幼儿园问题很多，主要是师资不足。这一块解决了，问题就好办多了。

D园长，今天，我们交流很愉快！交流也这么久了，也许影响了您工作，那我们暂时到此为止好吗？我若有疑惑再请教您好吗？好，再见！

时间：2017年9月24日上午9：40

地点：CC幼儿园园长办公室

人物：园长DL

问："三儿"资助政策运行中存在哪些问题？

答：总的印象和困惑好像是方方面面标准不够清晰，有些好像没落实到真正需要帮助的人身上，没有一个确定的标准，临界贫困标准不好掌握。上半年500元钱给一个人，下半年500元钱就得给另一个人，原因在于资助对象多，资助指标少。

问：你觉得目前"三儿"资助政策存在哪些问题，应如何改进呢？

答：首先，国家应制定较权威的贫困认定标准，尤其是临界贫困标准，这样基层才好精准识别资助对象。资助标准也要改进，人人都是500元，贫困程度不一样，精准扶贫的意义体现不足。

D园长，您一向公务繁忙，今天，我们交流也这么久了，就不再打扰您工作了，暂时告一段落好吗？我如有问题再请教您好吗？好，再见！

时间：2019年3月13日上午10：30
地点：CC幼儿园园长办公室
人物：园长DL
问：幼师或园长培训存在哪些问题呢？
答：外出培训有跟岗实习，时间不足一周，参训教师无法完全深入学习。很多国培没有跟岗实习项目，个别负责的园长把自己的理念与大家分享，一般园长只是让你看环创。

国培指标少。网络研修这种学习方式很大程度上流于形式，教师点开网站就做其他事了。很多幼师学习只是迫于外在压力，根本没有内在动力。

国培没有一个相对完整的培训内容体系，纯粹是零碎知识，轮训下来几年才一次，各位受训者学习内容不同，学习的都是零散的知识碎片，无法形成完整的知识板块。

问：鉴于今天国培、非国培存在诸多问题，您觉得如何来加以改进？
答：可以试试培训：同一层次幼儿园教师集中在一起找问题，培训老师提前告知大家集中研讨哪几个问题，指定几位教师发言，便于指定教师集中思考、研究。将任务分配给大家，大家都无责任感，都不想去探索问题，这样直接指定任务责任人，也许比任务对象不明的效果要好一些。另外，要想彻底改变今天这种面貌，也许关键是领导，因真正起决定作用的是领导，如果他们观念不转变，效果也许仍然不佳。

国培、非国培受训教师没选择的机会和权利，人口、地域也不同，应分地域、分层次来进行培训；同时要实地调研，由一个团体固定来针对性或诊断性地发现问题、解决问题。

D园长，我们今天交流时间也很久了，大家也许都疲倦了，暂时告一段落好吗？我回去梳理资料，肯定还有诸多疑惑，可能还要请教您，届时望您多指导，谢谢！

访谈了两位园长，都道出教师参与国培机会少的情况。连县城最好的公办幼儿园如CC镇CC幼儿园的幼儿教师参加国培人均一次机会都达不到。采集的信息是否属实呢？那须再请教职能部门相关人员，也许答案就清晰了。

附件十二
访谈P县师培中心主任TCM

时间：2017年9月25日下午15：30

地点：师培中心主任办公室

人物：主任TCM

问：你们师培中心的幼儿教师培训情况如何？

答：我们县公办幼儿教师培训都是在外地培训，民办幼儿教师培训都是自己的事，自己决定是否培训，自己选择商业培训机构。2014年我们举办了唯一一次"改教匠"培训（"改教匠"即转岗教师——笔者注），集中面授，再去县城两所公办幼儿园跟岗实践。

我们纯粹是一个办事机构，师资培训资源的配置权力在教育体育局人事股手里。他们主要委托我们培训义务教育阶段教师、干部，所以我们工作重心就在这里。幼师培训功能较弱化。

问：那目前你们作为教师培训专业机构，面临这种培训功能结构性失衡，如何来改变这种被动局面呢？

答：最关键的是政府加大投入，没钱导致很多事情"有心无力"。我们县是国家级贫困县、农业大县、人口大县、革命老区，财政运转主要靠中央财政转移支付，所以幼师培训经费自然紧张。将有限的培训经费的使用效益最大化，可以尝试请外面专家送教下乡，尽量增加受训者数量，选择一个比较宽阔的场地，广泛宣传，让那些愿意来学习的幼儿教师都能享受这种免费培训待遇。这样大家都受益，何乐不为？

T主任，感谢您能在百忙中给予我真诚的帮助！细心地解答我一些疑惑，我们交流时间也比较长了，影响了您的工作，我们交流暂时就此为止好吗？我还有一些疑惑，届时还要请教您，希望您届时多指导，谢谢！好，再见！

时间：2019年3月25日上午10：30
地点：师培中心主任办公室
人物：主任TCM

问：目前教师培训还存在哪些问题呢？

答：网络研修这种学习形式，我们分配了指标，但一些乡镇学校网络条件缺乏，无法实施。一些网络条件具备的乡镇学校，个别亟须提高的老年教师没内在学习需求，自己只是注册，就让校内其他年轻教师帮其学习；而这种学习方式缺乏教师与学生之间的情感互动，年轻教师也不欢迎，很多教师纯粹应付。为了完成学时，极个别学校分管领导或年轻教师帮一些老教师学习。这样亟须提升的教师根本没学习，也浪费了宝贵的学习资源。

问：鉴于这种局面，你觉得应采取哪些举措来加以改进？

答：首先，国家或地方政府对参训教师要有一套比较科学的激励或惩戒举措。没压力，就没动力。假如学习结束后严格考核，给予个别优秀者颁发荣誉证书或奖励一个评职称的相关指标，这样也许教师们就会有动力了。

另外，改进培训方式，如网络研修，本身存在致命缺点——"时空分离"，施训者与受训者之间无法及时沟通，缺乏一种积极情感支持，学习者自然缺乏持续学习动力。是否可以将这些视频资料转换成现场教学呢？即还原成送教下乡培训模式，如何？

T主任，首先感谢您热情接待我！使我访谈顺利、愉快、舒心，收获满满！您一向公务繁忙，今天我们交流是否可以到此为止呢？我返回整理资料，肯定会有诸多疑惑，届时可能还要请教您，谢谢！再见！

笔者聆听了两位园长关于资助政策的一些情况，还存在一些疑惑，所以必须再请教职能部门的工作人员，这样也许疑惑会消解。

附件十三

访谈P县DS镇JSYL幼儿园（普惠性民办园）老师TY

时间：2017年4月10日

地点：DS镇JSYL幼儿园园长办公室

人物：TY老师（她是园长的亲妹妹，也是一位老师——笔者注）

问：T老师，您好！首先请您做一个自我介绍，再介绍一下你们园的一些情况，好吗？

答：我是我们县2004中师毕业的，那时中师毕业后就是自主择业，国家不再负责了。毕业后我一时也没有找到合适的岗位，姐姐开办幼儿园也非常需要人手，我就直接到姐姐创办的幼儿园来打工了。2010年前后生源比较好，姐姐开始开办了三所，分别在DS镇、MF镇。现在只有两所了，因为生源逐渐减少，竞争非常残酷。我主要负责DS镇JSYL幼儿园，从某种角度讲，我既是老师，也是代理园长，可以帮姐姐处理一些事情，但也要向她汇报，因为人家投资这么多，资金如何运转，人家心里必须有底。前几年也许还有利润，现在可以说是亏本经营，也许你不会相信。因为房租每年上涨10%，老师工资要涨，且要交保险，更重要的是幼师还不好招，因为年轻的小妹妹期望值高，既要工资高，又要条件好，还要有发展空间，稍微觉得不好，随时走人，并且不会及时告诉你。尽管签了合同，面临这些小妹妹的不恰当行为，假如通过司法途径，成本太高，也没必要，所以合同对于我们而言，并不能成为约束员工的工具。你花钱培训她，随时可能流动，培训价值何在呢？所以很多时候，尤其是面临开学时非常棘手，因为缺老师，幼儿马上入园了，没有老师，怎么办？那段时间，我为这些事，时常寝食不安，弄得面容憔悴、精神紧张。有生源，没有老师，怎么去面对家长呢？这不是辜负家长的信任吗？今后谁还敢相信你呢？社会声誉肯定会受到很大的负面影响。所以我们千方百计招聘老师，最后大家一起努力，总算解决了问题，我们直接降低门槛，直接招聘在家带孩子的年轻女性，这也是无奈的选择！

为什么我一直要待在幼儿园，并且鼓励姐姐一直要办下去呢？一是我是这个专业毕业的；二是我喜欢这个专业；第三，家长信任我，在这个小小的区域，我也是深受家长欢迎的老师。所以不管未来如何，我也准备坚持走下去。

问：T老师，你参加过国培吗？培训效果如何？你还有哪些建议呢？

答：国培，我去过两次，在成都，免费的。我个人觉得国培内容、方式适合个人的内在要求，我个人认为：每次培训安排在好的幼儿园多好，即使今天达不到这个要求，今后也可以向这个方向努力嘛！如金苹果幼儿园，要学习就学习人家的课程，环境可以自己创设，农村幼儿园要充分利用自己身边的资源，办出自己的特色，尽量让大型优质幼儿园越来越乡村化。

我们的培训程序为：报道—自我介绍—作业（分项目）—找小组—完成作业—上交作业—拿出好的案例。结束时，无时间提问。百人有百种兴趣和爱好，求同存异嘛！

时间：2017年9月24日
地点：地点：DS镇JSYL幼儿园园长办公室
人物：TY老师
问：你参加国培项目了吗？效果如何？还有哪些建议呢？

附件十三　访谈P县DS镇JSYL幼儿园（普惠性民办园）老师TY

答：去重庆参加了一次培训，好像每年都有一次，有时我去，有时派骨干教师去，当然选派骨干教师是有标准的，诸如工作已满3年，必须有一定忠诚度，与家长沟通效果较好，非常关心幼儿，责任心较强，工作主动积极，等等。骨干教师学习回来要给全园教师上一次公开课，检验听课效果。

问：对国培项目，你还有哪些建议呢？

答：希望多参加一些免费培训，培训内容不一定适合每位老师，要自己去合理吸收，适合自己的才是最好的。

时间：2019年3月20日

地点：DS镇JSYL幼儿园园长办公室

人物：TY老师

问：TY老师，从某种程度上讲，你也是一位园长，你对幼儿资助政策应该是比较了解的吧？能否谈谈具体情况？

答：幼儿资助政策存在很多问题：第一，临界贫困对象识别困难，国家也没有一个统一的标准，我们家访，要想真正走村串户也不现实，主要通过周边邻居了解情况、观察幼儿平时生活现状等，清除有车有房的，这些人坚决不能资助。如去年我们园200多个幼儿，资助幼儿18人，其中建档立卡对象6人，剩下就是非建档立卡对象12人。每学期资助名额不一样，建档立卡的必须解决，这是刚性指标，也是国家政策。非建档立卡对象想得到资助的就很多，农村不想要资助的家长基本没有，一些人认为，国家的钱，大家都该用，他得了，我没得，就不行，大家一起"昂"起来（"昂"即"呼叫"之意——笔者注）。还有孤儿就一定是经济贫困的吗？人家有车有房，我个人认为，这类孤儿只是需要心理干预，不是钞票。所以政策本身就有问题，供需不一致。还有极个别家长因为没有得到资助而随时闹事，如果他小孩稍微有一点小小的碰伤或擦伤，马上找幼儿园，到处乱讲，说老师不负责，要如何如何举报老师或园长，或者要求进医院立即检查，等等。因此，我们作为幼儿园根本不想理这些事，最好由教育局或民政局来管这些事，或者成立一个专门机构来处理这些事，集中来管理也许会更好一些。

附件十四
访谈P县教育局职教成教（含幼教）股副股长CDF

时间：2017年4月25日

地点：教育局职教成教（含幼教）股办公室

人物：教育局职教成教（含幼教）股副股长CDF

问：C股长，您好！请您先大致介绍一下你们县民办教育，尤其是民办学前教育的相关情况，好吗？

答：我们县现在民办学校有90所，其中民办小学1所，12年一贯制学校1所，民办职业学校2所，民办幼儿园63所，在园幼儿9500多人。完全达到基本办学条件的学校最多占三分之一。很多民办幼儿园申请办成普惠性民办幼儿园，它们收费都不高，一学期只有400~500元，基本上可以说无利润，这两年稍微上调了一点，也许要好一些。如果严格按照国家标准来认定普惠性民办幼儿园，没有一所达标；如果要将已申请并已批准的普惠性民办幼儿园，都办成名副其实的普惠性民办幼儿园，那必须要依赖国家大量的投入，但是现在政府补贴力度不够大，普惠性民办幼儿园政策吸引力不强，民办幼儿园一旦按照国家要求提供普惠性服务，国家补贴力度小，人家无法运转，地方财政有心无力。你要求民办园收费标准与公办园一致，又没有国家相应的投入，公办园一切费用都是国家买单，所以收费标准较低，人家民办幼儿园一切费用都是自己掏腰包，收费标准与公办幼儿园一样，你又没有相应的补贴，人家怎么生存呢？民办幼儿园要真正办成普惠性幼儿园，像现在这种情况，肯定很难，学前教育如果完全由政府来买单，各个乡镇都办好所有公办幼儿园，我个人认为这也是不现实的。因为财政负担大，市场主体活力不足，缺乏竞争机制，保教育质量难以提高，办学成本高。还有民办幼儿园幼师收入较低，乡镇幼师收入一般是每月1700～1800元，县城幼师每月收入一般是2000～2200元，其中包括保险费用，学校愿意出800元，幼师本人再出300元，扣除保险费用，所剩下的就很少了，因此民办幼师流动性很大，幼师队伍很不稳定。即使在岗的幼师多数也属于应付状态，没有积极主动参与精神。

民办幼儿园实行分类管理，政策也不够明朗。我们也不敢过多地探索，都担心出错。还有一个问题：国家对普惠性民办幼儿园没有明确的认定标准，只是喊下面来执行，我们也是在不断摸索中，这样操作不知是否正确？只有等待时间来检验。

问：C股长，您好！能否再介绍一下公办幼儿园情况？

答：公办幼儿园教师结构，平均年龄已经42岁，属于大龄幼师了。绩效工资，按人头拨，基本没有多大差异，激励导向作用发挥不足，最根本的是没有退出机制，幼师内生动能不足，因此保教育质量难以提升。对于我们管理者而言，这也是一个很棘手的问题。并且很多公办幼师是一些"官太太"，你根本不敢惹她们，所以很多时候很无奈、很无助！

时间：2017年9月28日
地点：教育局职教成教（含幼教）股办公室
人物：教育局职教成教（含幼教）股副股长CDF
问：现在国培计划进展如何？你还有哪些建议？
答：我们县的师培中心几乎都是义务教育阶段教师培训，幼师培训只有一次。所以凡是幼师培训一律送到外面去，由外面的培训机构组织培训，我们最多只是一个中介，上级通知我们幼师参加培训，我们向教育局相关领导汇报后照章执行，发文通知各个乡镇教育督导组，再委托他们通知各位幼师。如果需要我们亲自带队，就由一位领导带队组织。我们好像纯粹是一个"二传手"。

至于建议，我个人认为，很多国培内容有一种城市化倾向，农村幼儿园很可能不适合，幼师自己要好好加工改造，适合自己的才是最好的。还有就是国培时间安排也有问题：很多安排在周内，很多学校幼师人力紧张，无法安排足额幼师前去学习，很多时候浪费指标，又不能转让给一些办学质量较高的民办幼儿园教师，眼睁睁看着资源被浪费，很可惜！

时间：2019年3月27日
地点：教育局职教成教（含幼教）股办公室
人物：教育局职教成教（含幼教）股副股长CDF
问：现在国培还有吗？培训情况如何？
答：还有，不过存在一些问题，诸如培训形式模式化、似乎存在一种僵化的体制样等，很多时候采用一味灌输的方式，听课老师很多时候很疲惫，听课效果直接会削弱。还有时间安排是否可行？外出学习一般是15天或一个月，参培老师时常牵挂园内幼儿，园长很多时候也担心园内工作能否正常运转？有时候园长参加培训，园内事情多，有时匆匆处理后又去参加培训，或者干脆委托一位老师代她去参加培训，这样培训效果自然会削弱。

附件十五
访谈教育体育局计财股副股长ZXG

时间：2017年9月28日下午16：30

地点：计财股办公室

人物：计财股副股长ZXG

问：资助政策运行情况如何？

答：我们严格按文件执行，先解决精准扶贫对象的资助问题，再解决非精准扶贫对象的资助问题。精准扶贫对象据实减免，非精准扶贫对象每期每生资助500元。县城、乡镇、村、社区幼儿都在享受，资助标准都一样，资助比例基本上在校际差异不大。

问：还存在哪些问题？

答：非精准扶贫对象资助标准都是500元，有人说这一群体结构复杂，来源广泛，致贫原因不同，贫困程度不同，以一个标准来衡量所有对象，显得不够公平。如果我们要对此进行一定程度的调整，也许难度较大。

问：鉴于这种情况，是否有改进措施？

答：国家要出台一套比较科学的贫困认定标准，尤其是临界贫困认定标准，否则我们基层第一线工作人员对资助对象的认别存在难度，至于精准不精准，不好言说。因为这些具体工作都是各个学校在操作，我们不知道，我们只是按照下面提供的方案，严格审核、公示，最后公示无异议，直接交财政局审核，他们审核后，我们就直接将钱打在所资助幼儿的邮政储蓄银行卡上。

Z股长，非常感谢您能给予我悉心指导！可能影响了您手头的工作，你们部门一向工作繁忙，我们今天交流到此为止好吗？如有疑惑，我再请教您好吗？好，再见！

时间：2019年3月22日上午10：40

地点：计财股办公室

人物：计财股副股长ZXG

问：现在资助政策运行情况如何？

答：原有资助政策继续执行，又增加一项教育扶贫、卫生扶贫政策，即S省财政厅、S省教育厅、S省卫生和计划生育委员会于2016年9月20日联合下发的《关于印发〈设立县级教育和卫生扶贫救助基金的总体方案〉的通知》(C财教〔2016〕38号)，根据这一教育扶贫政策，省上、市上拨了一点启动基金，后来就是县财政的事了。这一政策推动很难，原因在于上面只是出政策，需要下面自己拿钱来执行。我们是国家级贫困县、农业大县、人口大县、革命老区，财力受限，面对这些政策力不从心。

问：资助政策还存在哪些问题？

答：还是非精准扶贫对象的资助标准一样，没体现精准扶贫；对非精准扶贫对象的认别存在一些难度。

问：面临这一问题，我们应该如何解决呢？

答：还是国家要拿出比较权威的贫困对象认定标准，特别是临界贫困认定标准。这是一个根本问题，这一问题不解决，资助标准的确立、资助对象的认别仍存在一定难度。

Z股长，感谢您牺牲宝贵的时间能让我聆听您对资助政策及其运行情况的独到解读。我们交流影响了您的工作，那就不打扰您了。如有疑惑，我再请教您好吗？谢谢！

附件十六
访谈P县CC镇GJ幼儿园中班LBB家长LXD

时间：2017年9月29日下午16：50

地点：LXD家电门市部

人物：家长LXD

问：L师傅，请您简要介绍一下您的家庭情况好吗？

答：说来惭愧！我是90后，读书时很贪玩。因我是家里唯一一个男孩，父母很溺爱我，一定程度上纵容了我贪玩、不爱学习的行为，当时我总想出去挣钱，以为外面钱很好挣。我初中毕业没考上县城普通高中，分数比较低，只能读职高。后来我就读职高，选择了家电维修专业，五学期后去G省一家外资企业实习。在那里认识了我原来的家属，当时她与我在一个车间，一起上班，一同下班，偶尔出去走走，假期出去聚聚，这样逐渐产生了感情，后来直接租房居住，大约一年后，我们就回来结婚了。

她是外省人，可能对我们家乡生活习俗暂时不太适应。结婚后我们面临着养一个小孩的压力，当时她已怀上了，就在家待产；我就出去打工。大约半年后，她要求出去打工，因家里经济压力大，生活环境也跟不上城市，诸如洗澡、出去交流很不方便，偏僻的农村人烟稀少，交流对象很少，加之她是外地人，语言交流存在一些障碍；所以可能不太适应农村生活。她出去没与我在一个工厂，而是在一家台资皮鞋厂工作，因较长时间分居，可能还有其他因素，她就与别人走到一起了。她抛下我与小孩，找了一个她们本地的年轻、帅气的大学生。

因我们没履行结婚手续，属于事实婚姻。鉴于如此情景，我就放弃了这段婚姻。返家后我就立即在县城购买了一套住房，离GJ幼儿园很近，属于这所幼儿园服务范围内的对象。所以我小孩在此上学。

问：听说你小孩LBB享受资助政策，是吗？

答：是的，她属于留守儿童、单亲家庭孩子。因我现在一直单身，有时指标没用完，老师也考虑了这个因素。本来我们家生活基本没问题，我从没去争取。前一学期，班主任老师主动告知我，叫我申请填表，我说：可能还有比我家庭更困难的儿童，就先解决他们的问题吧！所以班主任老师听后很感动！这一学期有指标，班主任老师考虑了我们，我也很感动！也很感激！

问：您觉得资助政策还存在哪些问题？

答：资助对象遴选存在难度，因贫困标准不好掌握，不像精准扶贫对象是刚性的，且有当地政府认定的扶贫手册，这样便于认别。临近贫困对象太多，生活水平几乎差不多，所以不好确定，老师很为难！还有就是极个别家长主动要资助，极个别老师也有遴选对象不准，原因在于客观标准不好掌握，也有"优亲厚友"的情况。

L师傅，您今天还要工作，我就不过多耽误您做生意了。今后有问题我再请教您好吗？好，再见！

时间：2019年3月26日下午15：50

地点：LXD家电门市部

人物：家长LXD

问：L师傅，你家小孩还在享受资助政策吗？

答：早就没有了。只有一次机会，后来班主任老师主动叫我申请，我都婉言谢绝了。因可能还有更多比我们家庭更贫困的儿童，他们更需要社会的关爱、帮助。

问：你觉得现在资助政策运行中还存在哪些问题？

附件十六　访谈P县CC镇GJ幼儿园中班LBB家长LXD

答：也许国家没有一套科学的贫困认定标准，尤其是临界贫困认定标准。非精准扶贫对象多，一些家长存在攀比心理，很多家长主动去争取资助，这也许是一种不太正常的现象。希望国家加强引导，更重要的是树立其生活信心，让他们学习一些生存技能，光靠拿钱来扶贫肯定不行，还是要增强其"造血"功能，您说呢？

L师傅，今天交流时间也许较长了，可能影响了您做生意，今后有问题再请教您好吗？再次感谢您的帮助！好，再见！

附件十七
访谈P县SF镇XX幼儿园大班学生WD的监护人WXT

时间：2017年4月20日晚上8：00

地点：WXT老师家里

人物：WXT老师

问：W老师，您是WD的爷爷，曾经也做过几十年的教师，现在已在家安度晚年。是您在照顾WD的生活、学习，请您简单介绍一下WD的情况好吗？

答：唉！怎么说呢？说来也很惭愧！自己从教几十年，自己的儿女没有从读书这条路成才，很自愧啊！我的学生在各条战线都有能人，办一点事还是比较方便，而自己的子女没有读书成才，很痛苦！WD刚一岁多一点，他父母都外出务工，后来他母亲与人家私奔了，他父亲可能当时没在意她的状态，后来出现这种境况，真是……他父亲得知这件事后也很悲痛，因为他们是在外面打工相识的，没履行结婚手续，没法律依据，无法通过法律程序解决问题，只好放弃这段婚姻。由于他父亲一直在外面挣钱，小孩自然放在我这里。我和老伴一起来做监护工作，让儿子在外面安心挣钱，看他是否能重新组建一个家庭，也是做父母的一辈子的牵挂。从WD母亲离开至今已经4年多了，一直是我们在尽职尽责抚养、教育他，由于他缺乏母爱，我们尽量通过其他方法弥补。

问：WD在幼儿园学习、生活情况如何？

答：据我观察，他智力也许还可以，反应力、记忆力较好，对学习也有兴趣，老师一直比较关注他，常叫他做一些事情，锻炼锻炼嘛！

问：听说他也享受一些经济的补贴，是吗？具体情况如何？

答：其实，我们家经济也许不是最困难的，至少吃饭没多大问题，但是他是单亲家庭孩子，尽管不是孤儿，还是有很多具体的困难。我们在一天天衰老，他在一天天长大，生活、学习、零用花费也比较大，他在学校的表现、学习也比较好，老师考虑后给了他一个名额，具体资助金额每一学期好像500元。其实，应该享受资助的是孤儿、残疾儿童、家庭经济困难儿童，从政策上讲，他是没资格享受的，因为他本身表现好，有多余的名额，所以老师最后考虑了他，我们也很感激！不过只享受了一次，也好嘛。

问：具体资金运行方式如何？

答：是以WD的名字办一张邮政储蓄银行卡，直接打在卡上。现在好像还是这样吧？听说现在属于精准扶贫对象的，开学直接免缴相应费用。

W老师，今天我们交流很投机，很高兴！时间很晚了，就不打扰你们休息了，我今后有疑惑再请教您好吗？好，再见！

时间：2017年9月26日上午10：55

地点：WXT老师家里

人物：WXT老师

问：WD现在享受这种补助吗？

答：没有了，因为名额有限，不能给老师太大压力，要严格按照标准执行。老师有难处，要理解人家嘛。

问：您对此有何看法？

答：应该说没多大意见，因为在政策边缘人家考虑了你，也不容易，人要懂道理。

W老师，现在临近中午了，大家都要准备吃午饭了，就不打扰你们了。

今后有问题，再请教您好吗？好，再见！

时间：2019年3月20日下午14：20.
地点：WXT老师家里
人物：WXT老师
问：您觉得这一政策是否真正扶贫扶在"根"上？
答：有一些是，还有一些不一定，因为名额分配下来后，有些名额用不完，怎么办？再考虑条件接近的幼儿，下面又不敢浪费名额，你用不完，上级说：你们那里没贫困户，等候名额就少了。谁会浪费宝贵的机会呢？反正是国家的钱，大家用，是吧？

问：你觉得这一政策还有哪些不够完善之处呢？
答：政策文本可能有些模糊，执行也许有些机械，比如2014年当地政府界定贫困户是人均纯收入2736元，2015年是2855元，2016年是3100元，2017年是3300元，请问，假如某一户超过这一标准一元钱就不是贫困户？这一标准是否有科学根据？所以下面执行政策的人不好掌握标准，也不敢浪费指标，只能尽力做好工作，尽量不要惹出矛盾。大家都怕出问题，你说是吧？

问：您还有哪些建议呢？
答：对贫困标准划分尽量做到客观、科学，广泛调研，走群众路线，让大家充分参政议政，对执行政策实施严格责任追究制度。听说一些乡村干部与个别贫困户一起联合套用国家的钱，这应严格追究责任；同时建立严格的审计制度，欢迎基层群众随时举报，且对举报人实行严格保密、给予一定的奖励制度。你看这样如何呢？以上只是我个人观点，很不成熟，仅作为参考。

W老师，您要马上外出办事，我就不影响你们办事了，等有问题再请教您好吗？感谢您给我提供了很好的学习机会，再次深表谢意！好，再见！

总之，无论是访谈提纲的展示还是访谈案例呈现，它们都是通过访谈获取信息、搜集资料的一种重要手段。访谈提纲是访谈者的"心中蓝图"，访谈案例是访谈者与受访者的心路历程的真实记录，即"全文复制"录音资料，这样有利于访谈者后续梳理信息、遴选信息、甄别信息。访谈尤其是深度访谈是田野考察、获取第一手资料的重要手段，也是研究者采集相关信息的重要途径。

后 记

2010年，随着《关于当前发展学前教育的若干意见》（国发〔2010〕41号）的颁布，标志着普惠性民办幼儿园正式诞生。那么，自普惠性民办幼儿园诞生以来，普惠性民办幼儿园成长状态如何？面临哪些转型瓶颈？生存路径如何？未来走向如何？生命周期怎样？这些早已引起社会的关注，尤其是学界的高度关注。学者们基于自己的研究偏好、研究旨趣、研究立场，笔者个人认为，这些研究成果大致分为：第一，对政策文本的解读，对政策内容的剖析、政策价值的审视等；第二，政策运行的具体样态，从表面的运行状态，解释其背后的深刻缘由，再提出政策完善的路径，从而增强政策运行效益。

本书是笔者在四川师范大学教育科学学院攻读博士学位期间，在对S省S市P县田野考察的基础上写成的。在开始确立P县作为田野考察点之前，笔者已在S省N市Y县、S区、J区，Y市X区走访了200多所幼儿园。在选择实地调研之前，有一个漫长、坎坷的选题过程，这不得不从头说起。

2015年考上博士研究生后，有人就建议我选择"灰色童谣"作为研究材料，通过阅读、研究，发现问题，再深入研究、剖析，最终确立研究问题。于是我随即展开大规模搜集"灰色童谣"的工作。经过调查研究发现，"灰色童谣"更多的是一种社会文化现象，教育只是作为一种传承的手段而已，传唱对象是儿童，要继续深化下去，就会涉及社会制度设计、法律的出台滞后，社会治理能力、治理水平明显不足，尤其是一些机制体制问题，有些问题比较敏感，也不好深入研究，于是放弃了对这一问题进行研究。

突然有一天晚上我手机收到一条短信：普惠性幼儿园政策伦理审视，文章大致目录。我阅读后没有任何反应，因为前面的教训太深刻了。当我冷静之后，我便去请教郑富兴老师，他直言：普惠性民办幼儿园政策伦理审视，难以超越已有研究，且纯理论研究，没有多大价值，当时他在德阳市教育局挂职做副局长，基于自己工作经历，建议我做实证研究，就选一个具有代表性的地域，探讨普惠性民办幼儿园政策在此运行的现实样态，揭示其背后缘由，最后构建政策运行机制。

随后我也请教了教科院李江源老师，当时题目为"普惠性幼儿园政策运行研究——基于民族志视角"，探讨如何命题、如何更切题？当时文献，没有查阅到"普惠性民办幼儿园政策"这一名称，2017年5月中旬博士开题，邀请了一些校外专家，其中湖南师范大学教科院易红郡老师参加了这一博士开题论证会，会后我就抓紧请教他，之后又经过了多次修改，最终将题目确定成：普惠性民办幼儿园演进历程研究。

在P县近6个月的实地考察，得到了众多热心人的帮助，收获了大量"本土"政策文本和大量口述资料，为我研究奠定了坚实基础。从某种角度讲，是他们与我共同完成的写作任务，在这里无法将他们名字一一列出，但是他们的恩情，我将永远不会忘记，是他们的热情接待，使我倍感亲切；是他们的真诚相助，破解了我的研究难题、丰富了原始资料；是他们的鼓励，激励我不断阅读、不断思考、不断修改、不断写作，最终完成书稿。

在本书即将付梓之际，首先要感谢四川师范大学教育科学学院郑富兴教授、李江源教授，是他们给我提供好的建议，使我少走弯路，收获满满；西南大学教育学部李姗泽教授、湖南师范大学易红郡教授、南京师范大学王海英教授也给予我一些真诚帮助，诸如推荐书目、提示研究方法等来启迪我思维，促使我的思路逐渐成熟；浙江传媒学院何仁富教授，也提供了一些有益的建议，并赠送一些生命教育书籍。

在P县田野考察期间，得到我三位弟弟的大力支持，尤其是三弟从农村将母亲接到他家一起生活，解除了我的后顾之忧，让我静心写作，在此道一声：谢谢！

我考上博士当年，女儿也考上大学，每周的电话交流都是匆匆忙忙，因为学业，很少陪伴她，在此说一声：对不起！祝福你未来的生活幸福平安！

是家人的时常鼓励，让我坚持下来，并选择了艰辛的学术道路，我将坚定地走下去，期盼这条道路走得更顺利一些，只有这一条路越走越顺利，才

后记

能让所有关心、帮助、关注我的人获得更多的慰藉！

"路漫漫其修远兮，我将上下而求索"。是为记。

杨跃

谨识于2021年12月22日

四川省宜宾市